写真で見る
アジアの少数民族
1【東アジア編】

［文・写真］森田 勇造

三和書籍

はじめに

「見失った馬は人にたずねて求めよ」

モンゴル族の諺である。

私たちは、よりよく生きるために科学技術を発展させ、合理的で安易な生産活動を将励して、便利な生活を求めてきた。

しかし、今日の私たちは、豊かな科学的文明社会に溺れ、社会人としての生き方を見失ない、不安、不信、不満にさいなまれがちである。

動物である人間は、いつの時代にも自然と共に生きる楽しみを忘れては、安全、安心、満足を感じることはできない。

そこで、豊かな科学的文明社会で見失いかけている安全、安心、満足な生活のあり方を探し求めるために、アジアで今も自然と共に生きる人々、少数民族の風俗習慣や衣食住等の素朴な生活文化をたずねることによって、これからのよりよい生き方の手がかりにしたい。

私は、一九六四年以来の四十数年間に、日本の民族的、文化的源流を求めてアジアをくまなく歩いて、多くの民族、中でも、中央アジアから東の諸民族の生活を踏査した。

アジアの少数民族の中でも、まず日本に最も近く、生活文化の類似する東アジアの人々の生き方を写真で紹介することによって、自然と共に生きる生活の再発見に役立てたいと思う。

平成二三年六月

森田　勇造

目次

1
北中国

新年の挨拶に手土産を渡す（パインノル）。

モンゴルのお正月

ボルフンという名の神は
大晦日に天からやってくる。
元旦の日の出前に
お祈りしないと、
身近にきて願いごとを
聞き届けてくれないと
いわれている。

厳寒のモンゴル高原

モンゴル族の旧正月の風習を踏査しようと、中国の内モンゴル自治区を訪れた。モンゴル族の探訪は、これで二度目である。

北京から三〇人乗りの小さな飛行機で約二時間。大行山脈の尾根を走る長城を北に越すと、一面白い世界である。首府のフフホトの風は肌に刺すように冷たい。標高千メートルもある人口四〇万人の都は、シベリアからの冬将軍に戦うすべもないのか、ただ静かに時の去るのを待ち続けていた。街に行き交う人や馬の吐息が白く、話し声も少ない。

フフホトから陰山山脈を越え、更に北へ八〇キロ、凍結した道を四輪駆動のランドクルーザーで走ると、今回訪れたウラントク人民公社がある。標高一七〇〇メートルのモンゴル高原の村は、一面雪に覆われている。アスピリンスノーと呼ばれる粉雪が風に流れ、雪の川となっている所もある。フフホトよりも更に寒く、北からの凍てつく風は、針のように

夕方の零下 20 度で羊の世話をする家族（ハングルオボ）

▲元日の朝、馬を走らせて挨拶回りをする青年たち（パインノル）
▶夕日を背に、凍てつく大地に立つ青年（ハングルオボ）

元日の朝、零下30度でも手袋をしていなかった（ウラントク）。

肌を刺す。私が車から降りると、頬の赤いウルツンさん（二九歳）が迎えてくれた。

ウラントクは一七四〇年に建立されたラマ教の寺を中心にできた牧畜民の村で、人口は一九〇〇人ほどだが、羊、馬、牛などの家畜は四万五千頭もいる。ここは一九七九年の夏から外国人の入城が許されたが、私以外に客はいなかった。接待役のウルツンさんに、厳冬期のモンゴル族の生活を知りたい旨を伝え、私の牧畜民に関する著書を見せると、来訪の目的をやっと理解してくれた。

オンドルの暖かさ

モンゴル族は、夏から秋にかけては羊や馬の群れを追って放牧地をめぐり、ゲルと呼ばれるアンパン型の移動式住居に住むが、冬から春は、定住区のレンガや土の家で生活する。今では床の下を暖めるオンドルの設備や石炭のストーブがあり、厳冬期でも家の中は暖かい。

大晦日の夜、ウルツンさんの案内で、村の井戸から二〇〇メートルほど離れたナンサイさん（五一歳）の家を九時過ぎに訪れた。外は井戸以外全て凍結した世界だが、レンガ造りの家の中は一〇度くらいの暖かさである。

ナンサイさんの家では、長男夫婦と二人の娘と村の男たちが迎えてく

新年の挨拶に来た人々に水ギョーザをふるまう（パインノル）。

れ、オンドルのある部屋に座った。テーブルの中央にはテングリンボと呼ばれる、揚物や菓子、果物などで色彩豊かに飾りつけた物が置いてあり、その周囲に、カブの塩辛い漬物やもやしの酢物と肉料理がたくさん置いてあった。驚いたことに、モンゴル族にもかけつけ三杯の、ゴルムンへムという習慣があり、遅れて行った私は、日本と同じような猪口に三杯続けて飲まされた。アルコール分六五度もあるこうりゃん酒は、まるで火の玉を飲みこむようで、しばらく喉が燃えた。

大晦日の夜、馬頭琴の音に合わせてオルドスダンスを踊る（ウラントク）。

歌い踊る大晦日の夜

「トクト（乾杯）」

お互いにトクトと言いながら、アルフと言われるこうりゃん酒を猪口で飲む。飲みほすとすぐに娘が注ぐ。しかも、口もとに両手を差し出し、こちらの目を見つめて歌いながらすすめるので、断われない。皆が一緒に歓迎の歌を歌ったり、手拍子で歌いながら踊るので、大変にぎやかである。一時間もすると酔いがまわって寒さなど忘れてしまった。

村の男たちは笛を吹いたり馬頭琴を奏で、大きな声で歌う。娘たちも歌う。そして、オルドスの踊りを何度も踊る。大晦日の夜若い人たちは寝ないで騒ぐのだそうだ。一二時を過ぎると、白い湯気の立ち上る水餃子がたくさんテーブルに出された。

「サンシヌルボー（あけましておめでとう）」

お互いに新年の挨拶を交し、昔は肉まんであったそうだが、今は餃子を食べる。

家族や友人が、“テングリンボ”を囲んで新年にトクト＝乾杯（ウラントク）。

ボルフン＝年神様に御神酒を捧げて祈るナンサイさん（ウラントク）

私は飲み過ぎ、食べ過ぎで満腹なのに、彼らは強引にすすめる。皆酔っているはずなのに、横になったり、酔態を見せる者はいない。

神は大晦日にやってくる

元旦の朝四時、村の中はいっせいに焚き火が点けられた。村の中央には、石炭の大きなかがり火が燃された。いたる所で爆竹が鳴る。暗い夜から、にぎやかな人間の世界がよみがえったようだ。

ナンサイさんは、外に小さなテーブルを運び出し、その上にテングリンボを置いた。そして、移動用の手鍋のような炉でアルグンと呼ばれる乾いた牛糞を燃した。長屋のような、横に長いレンガ作りの家は、一列に十数家族が入っているので、それぞれの家の玄関口でアルグンを燃すと、零下三〇度の凍てついた空気が少し暖まるような気がした。何より、闇夜の明りが美しく、神秘的な世界を思わせた。

ナンサイさんは、アルグンが燃え上ると、テングリンボに御神酒を奉げた。ボルフンという神は大晦日に天からやってくる。元旦の日の出前にお祈りしないと、身近にきて願いごとを聞き届けてくれないといわれている。そこで、どの家でも早朝、まだ暗いうちに家の前で火を燃して、御神酒を供えて祈る。長男が爆竹を鳴らす。私ももらっていたので、アルグンで点火した。小さな打ち上げ花火もあった。

元旦早朝の祈り

ナンサイさんは大地が凍っているのに、ひざまづき、額と素手を大地につけてしばらく伏し、そして頭を垂れて祈りの言葉をつぶやいた。東西南北からテングリンボを約二〇分間も拝し、御神酒を四方に指ではじいて礼拝を終えた。しかし、若い人たちは何もしなかった。彼らには、古い風習でしかなかった。

「家族の安全と、今年は天候がよくて草がたくさん生えるように祈った」

ナンサイさんはボルフンの神に祈った内容を教えてくれた。彼女が拝んだ飾りつけの多い大きな菓子であるテングリンボは、ボルフンの依り代にちがいない。村人たちは、正月の間、すべて食料で作られたテングリンボをテーブルの上に置いている。

　早朝の祈りが終ると、年老いた者は横になるが、未婚の男女で気の早い者は、親戚や親しい友人の家に年始回りを始める。

若者たちの年始回り

　元旦の朝、零下三〇度もある凍てついた雪の中の年始回りは、歩く人、自転車を走らせる人、馬で駆ける人、馬車に同乗する人、とさまざまである。

　酒と冷気に顔を赤くした若い男たちは、たいてい馬にまたがり、四、五人で適齢期の娘のいる家を訪れる。といっても、中の誰かの親戚であったり、友人の家であったりするので、その人が年始回りの土産を持参する。

「サンシヌルボー」

　若者たちは道中で会う人にも新年の挨拶を送るが、家を訪れると、両手を握り合って言葉を交わす。そして、その家に持参した手土産を家長にうやうやしく渡す。この時、女性の場合は必ず帽子を被ることになっている。

　一応の新年の挨拶が終ると、必ず酒と餃子がふるまわれる。未婚の娘たちは両手を差し出して歌を歌い、杯をすすめる。娘がいなければ少年または母親が酒をすすめる。食物は餃子と決まっているので、女たちは、大晦日に、正月の二週間に必要な何百個という餃子を作り、凍らせておく。客が来ればそれを熱湯の中に入れるのである。アルコール分の強い火のようなこうりゃん酒を、正月の間に、多い家は百本（ウィスキーと同じ量）を空にする。

　若者たちは、娘のすすめに酒をあおり、酔ってくるとお互いの手を同時に出し、指の数を言い当てるフアチェンというゲームをする。大変テンポの早いゲームで、負けた方が酒を飲む。これは高知県の「はしけん」によく似ている室内遊びで、まるで口げんかをしているようににぎやかになり、酒がすすむ。

　娘たちは親戚の家しか訪ねないが、青年たちは馬にムチ打ち、数時間ごとに移動してその家の娘を見ることも兼ねて飲み回る。元旦だけでなく、二週間も続く。

男たちは、酔うと指の数を言い当てる“フアチェン”をする（パインノル）。

年長者に白い布を渡して新年の挨拶をする（パインノル）。

モンゴルのオボ祭

旧暦五月一三日と定められた
オボ祭の天神祭りを参観しようと、
中国の内モンゴル自治区を訪れた。
モンゴル族の探訪は、これで四度目である。
首府のフフホトから大青山山脈を越え、
モンゴル高原を四子王旗《ししおうき》、
王府と北東へ一七〇キロ走ると、
今回訪れたパインホショがある。
村はハルテルス平原の中央にあった。

パインホショのハルテス平原にできた虹

祭に馬でやってきた人々を大声で迎える祭の関係者

オボ

標高一七〇〇メートルもある高原は、摂氏二二度と涼しく、雪解け水に芽ぶいた草に覆われ、緑のジュウタンを敷きつめた世界である。

村の北東三キロの所に、豊かな高い山と呼ばれる塚のようなゆるやかな丘がある。この頂上に、ドルブト・モンゴル族のバインエルグル・オボがある。

モンゴル高原の人々は、古くから山や丘の頂に盛り上がるように残った自然石を「オボ」と呼び、天神の降臨する聖域の概念を持っていた。そして、いつの頃からか、方位の吉凶によって、居住地域の山や丘の頂に石を積み重ね、その堆石（たいせき）をも「オボ」と呼び、天神の降臨する所とした。オボは、古来塚型

オボ祭の前日、村人たちがオボを石灰で白く塗った。

であったが、清朝時代にラマ教の影響を受け、仏塔型の階段式になった。モンゴル族にとって、オボは、天神と人のコミュニケーションの場であり、年一度のオボ祭の場である。また、道標の役目を果たし、地名や方角の基点ともなる大変重要な建造物である。

▲祭りにやって来た重要人物たちを迎えるチャムヤさん（写真中央）

▲祭にやって来た人は、オボを右回りに一周してから小石を投げ上げる。

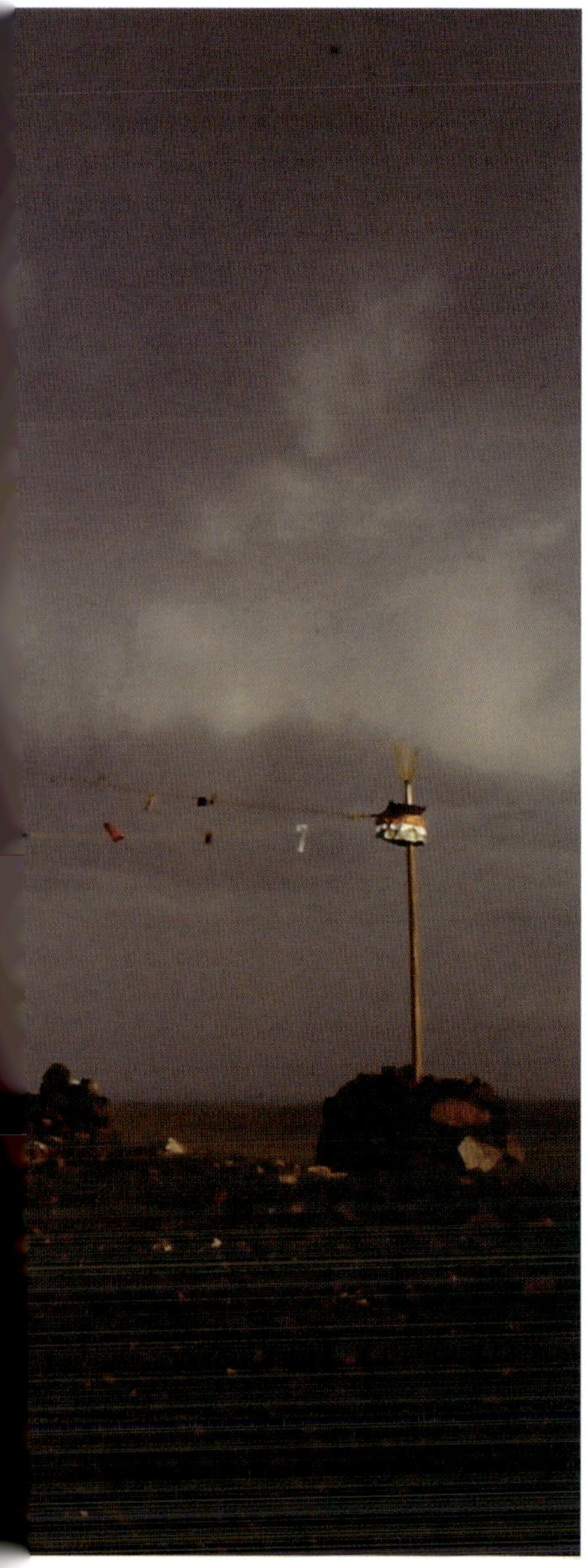

◀雨乞いでもあるオボ祭の昼すぎ、一天にわかにかき曇った。

内モンゴル自治区のオボは、一九六六年に始まったいわゆる文化大革命によって、ことごとく破壊された。寺院や廟（びょう）と同じ扱いをされ、精霊信仰の拠点とみなされたからだ。バインエルグル・オボも壊されたが、一九七九年に再建され、八一年からオボ祭が復活した。

一九八四年のオボ祭は新暦六月一二日であった。村の長であるチャムヤさん（五八歳）たちは、前日の午後、オボを白く塗り、四方の柱へ縄を張り、青、赤、黄、白、緑の五色の布を飾った。

当日、天神トコルは日の出と同時に、神霊となって降臨した。オボを依代（よりしろ）とするのは年に一日だけで、日没と同時に昇天する。ラマ教の僧シャブドルブさん（七一歳）は、七時頃からお祈りの準備をした。人々は、八時頃から集い始め、九時頃には祭壇にたくさんの捧げ物が供えられた。オボ祭に必ず捧げる物は、羊の頭、四脚、肋骨、尾の四部分であるが、三頭分も供えられた。他にはカリントウのような揚物、菓子、アメ玉、乳製品、白酒や乳酒などである。

遊牧民の伝統的儀礼

オボ祭は、牧畜業をなりわいとするモンゴル族の伝統的な儀礼で、天神に豊饒（ほうじょう）を祈り、同族の安全を願うものである。モンゴル高原は年間三〇〇ミリ前後の降雨量で、いつも干魃（かんばつ）に悩まされている。人々は、豊かな牧草を育む慈雨を願い、より多くの家畜が育つことを祈る。そして家内安全、健康、病気回復、旅の安全、大願成就など……。

ラマ僧は太鼓を叩いて読経し、次のように祈る。

「トコル（天神）様、今日一日オボに楽しくご滞在し、ぜひ雨をお恵み下さい」

トコルは別名チャガンシュクル（白い傘）であり、オボ祭はポロクエホ（雨乞い）ともいわれている。

一〇時頃になると四、五百人もが集い、トコルを楽しませるためモンゴル族自慢の競馬をした。大草原を十数頭の馬が九キロ走り抜き、一〇歳馬のアティア君（一七歳）が優勝した。そしてさらに、オボ前の広場

トコルに捧げるのは、羊の頭・四脚。肋骨・尾の４部分

ドルブト・モンゴル族の若い女の民族衣装

ラマのシャブドルブさんが、太鼓を叩きながら祈る。

▲年に一度のオボ祭で、人々はオボの前に集い、奉納ずもうを楽しむ。

▲大平原を９キロ走り抜く競馬のゴール地点の赤い旗

▶モンゴルすもうの勝者は、磚茶や電気湯沸かし器等の賞品がもらえる。

に円陣を作り、力自慢の若者たちがプッフという角力（すもう）をした。勝者は鷹（たか）のように両手を翼にして跳び、人々から栄誉を受ける。

トーナメントの角力大会が続行中の正午すぎ、一天にわかにかき曇り、風と雷鳴を伴う慈雨が二〇分も降った。まさしく霊験あらたかなオボに宿るトコル様の御利益。

中断されていた角力は午後一時半頃終了し二三歳のドコル君が優勝した。上位者の賞品はモンゴル族にとって必需品である磚茶（たんちゃ＝茶の葉を蒸して固形化したもの）とハタと呼ばれる布である。そして、角力の勝者六名と、競馬の六位までの者が、オボを右回りに三周し、トコルに顔見せをした。

その後は、参集者たちが供え物の肉や酒を飲み食い、大変にぎやかな時をすごし、午後三時過ぎオボを去った。

新しい娯楽の様相

当日から三日間、モンゴル高原には珍しく大量の雨が降った。老人たちは、トコル様の御利益で、今年は草の生育がよく、家畜がよく育つ、これで豊作が約束された、と大喜びであった。だが、宗教心の薄い若者たちにとっては、モンゴル族の最も重要な伝統的行事ともいえるオボ祭も、今は新しい娯楽の一つでしかないように思われた。

相撲の源流

相撲は神事に付随した神占いの力くらべであったが、娯楽性に富んだ格闘技として民衆に親しまれ、伝統行事としての改善によって発展してきた。

▲モンゴルすもうは、革製のチョッキ“キッチャントク”を着用する。

▶土俵のないモンゴルすもうは、尻や背・肩や肘等が大地に着いた方が負け。

相撲は素肌の舞

日本の国技ともいわれる相撲に類する格闘技は、古くからアジアのいろいろな民族が行っていた。

紀元前三千年頃のバビロニアの遺跡で、二人の男が四つに取り組んだ青銅造りの置物が発見され、前五百年頃のインドでは、相撲のような競技によって嫁を得たという「争婚」の記録が、釈迦伝記の『本行経』の一節に出てくる。また、前三世紀末頃の中国の泰や、漢の武帝の頃には角觝と呼ばれ、格闘技が盛んであったといわれている。

日本では『古事記』の中に、タケミカズキノカミとタケミナカタノカミの力くらべの説話があり、この勝負によって「国ゆずり」が行われたと記している。また、「日本書紀」には、タイマノケハヤとノミノスクネの力くらべの説話があり、これらの格闘技の勝負の形が、日本の相撲の始まりとされている。もちろん当時は、現在のような土俵はなかったものと思われる。七世紀頃には、朝鮮の使者の前で相撲をとらせたことや、大隅の隼人に相撲をとらせた記録があるので、宮廷においては相撲が観覧に供せられたものと思われる。

現在の「相撲」の文字は、六世紀頃の梁時代に、釈迦伝の経本を漢文に翻訳した時に用いられたのが最初で、日本では「日本書紀」の雄略天皇の条に初めて用いられているそうである。

「相撲は、角力、角觝、角抵などの文字とともに、奈良朝時代に相前後して中国大陸から輸入されたものである。この文字にそれ以前からあった、争うという意味の〈すまふ（須末布）〉という言葉を当て、それが現在の〈すもう〉という言葉になった。〈すまふ〉の語源については、大陸からもたらされた各種の〈楽舞〉が、面をかぶり装束をつけて行われたのに対し、〈力くらべ〉が素裸の演練であったところから〈素のまひを取る〉と呼ばれ、それが転じて〈すまふ〉となったとする説もある」＝平凡社世界大百科事典より抜粋

東アジアの相撲

私は東アジアの諸民族を踏査しているうちにいろいろな所で、日本の相撲に類似した格闘技を見た。いずれも土俵はなく、二人が組み合って力技で相手をひねり倒すか、ひき倒すか、足技で倒すかして勝負がついた。大半の民族が衣服を着用したまま、腰に布を巻き、それに両手をかけて四つに組み合った。

異色のすもうとしては、中国の雲南省のハニ族のラファベであり、初め鶏のように両手を後方にし、足を後にけりつつ見合ってから組み合った。他には吉林省の朝鮮族のシールムと呼ばれる相撲で、まず片ヒザをついて向かい合って座り、相手の尻から腰にかけて巻きつけた布帯を左手の腕にかけて組み合い、十分な体勢になった時、同時に立ち上がって倒し合う。

牧畜民、モンゴル族やトルクメンのヨモト族のすもうは、同時に幾組も組み合うので、ゆっくり見ていられない。プッフペルドフとかプッフと呼ばれるモンゴルすもうは、だいたい力の合った者同士が組み合い、勝者が残るトーナメント制に

モンゴル族・プッフペルドフ

四川省イ族・ボウー

雲南省ハニ族・ラファベ

朝鮮族・シールム

雲南省プミ族・パボー

チベット族・ベカ

漢族・スエチョウ

チャン族・ウルチッチサ

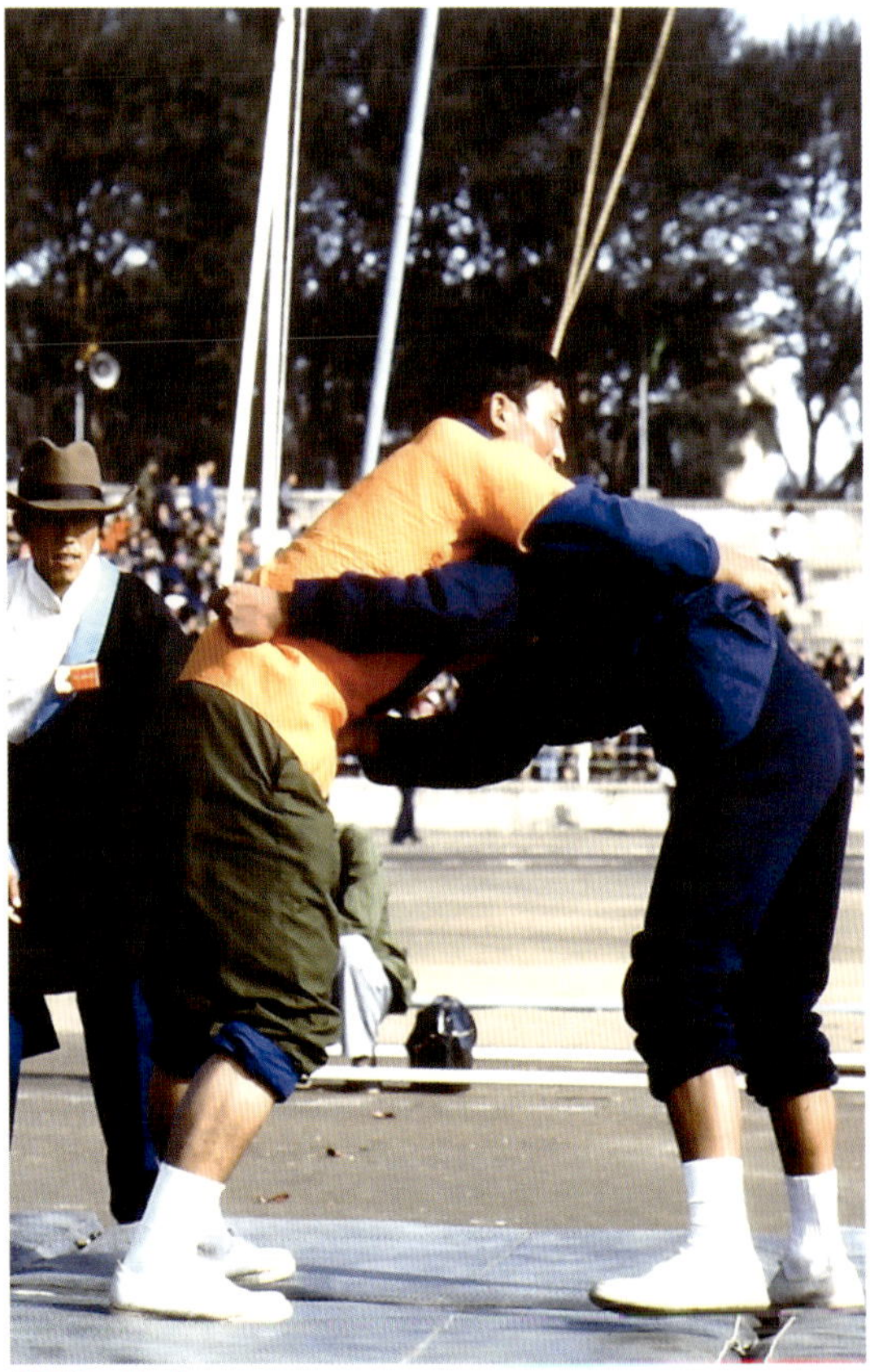

裕固族・ジック

なっているが、ヨモトのゴルシアと呼ばれるすもうは、弱い者は何度も相手を変えて組み合い、力の強い者は一〇分も一五分も組み合う一回勝負だ。そして、一番強い者同士の勝負がつくと終わる。モンゴルのすもうは、上半身には皮製の衣服をつけ、赤、青、黄色の布で飾り、ステテコの親玉のようなズボンに、長靴をはいている。そして、勝者は、肩より高く上げた両手を交互に振り、足をはずませて誇示する。

ウズベク族のパラオニと呼ばれるすもうは、相撲よりも柔道に似ている。組み合うこともあるが、多くは、相手の襟首や袖口をつかんで足技や手の力で倒す。動きが大変活発で、見物人の円陣の中を、前後左右に動き回る。

相撲のおこり

アルタイ系牧畜民の騎馬民は、もともと吉凶や勝負を占うためにすもうをした。すもうは天の意志を決定する一つの手段で、集会の最後に、すもうでみんなの運命を占って別れるのが習慣であった。

モンゴルすもうの選手は、両手をひろげ、跳躍しながら入場した。

モンゴルのすもうも、ナダムと呼ばれる祭りの付随事業で、人が集まれば必ずプップペルドフが行われる。また、中央アジアのヨモト族は、結婚式の最後の儀式としてすもうが行われる。インド東北部のナガ高地のチャカサン族は、部落対抗のすもうで、諸事について一年間の優先権を決める。これらは娯楽であると同時に、占いの意味を持っている。

日本でも、古代の力くらべの競技は、農作物の収穫を占う〈神占い〉のまつりごとと結びついて行われた。現在でも各地で行われている〈神事相撲〉や〈奉納相撲〉はそのなごりをとどめている。

東アジア全域にある古代からの精霊信仰に結びついたすもうも多く、和歌山県橋本市の隅田八幡神社や山口県大三島の大三島神社のひとり相撲などは、精霊に勝ちをゆずっての豊作祈願であった。

とにかく、東アジア全域に見られる格闘技のすもうは、〈神占い〉としての行事で、単に勝負を決するためだけのものではなかったので、古代から民衆の娯楽と結びつき、日本では伝統行事として発展してきた。

2 南東中国

シャ族 長寿村の食物

えぶりかけをした苗代に、種籾を蒔く。

浙江省の景寧から
南の福建省寧徳や福安の方へ行く道は
一九五八年に建設されていた。
大きな峠を二つ越すと、
カーブが多いので気分が悪くなった。
二七キロくらい進んだ所で東へ折れた。
この道は林道で六四年に建設されていた。
その道を四キロほど進んで
さらに支道に入って二キロ走った。
この小さな新しい道は、
私が訪れる二カ月前に
完成したばかりで、外国人どころか、
乗用車が入るのは初めてのことだった。

小雨降る日、竹製の帽子をかぶっていた少年

長寿の村

約一時間かかって一〇時二〇分頃着いたのは、景寧の町から約三三キロの北渓郷大張坑村である。この村は、通訳兼案内人の雷振余氏の古里。村人総出で迎えられ、道路の終点になっている雷谷花さん（八九歳）の家に案内された。小雨が降っていたので村を歩き回ることができず、村の長老たちに集まってもらい、聞き書きすることにした。

この村は雷姓ばかりで広東省朝州から福建省羅源に移住し、そこから景寧に来て、約四〇〇年前にこの地に住み着いた。その証拠は、村の中の谷にある樹齢四〇〇年の大杉であ

シュロの毛で編んだ蓑や竹製の笠を身につけての野良仕事

大張抗村に建設されたばかりの道と棚田。右側に樹齢400年の大杉

る。日本と同じ杉がここにもあることには驚かされた。この村に来る途中、桧の幼木があったので尋ねると、一〇年ほど前に日本から輸入して植林したものだということだった。

村は一九五〇年に四二戸、二四〇人であったが、今は四九戸、二四九人とわずかであるが増えている。南斜面にある村は、よい水に恵まれ、棚田で取れる米はうまく、山菜にも恵まれ、標高が八〇〇メートルという住みよい所なので長寿者が多く、八〇歳以上が十数名もいるそうだ。

最長老の雷谷花婆さんは、二・五キロ離れた隣村で生まれ、二〇歳で結婚し、男女二人ずつの子を産んだ。長男は六九歳で、今では曾孫を入れて二五人の家族である。

長老の一人雷瑞宝さん（八七歳）は、この村で生まれ育ち、いろいろなことをよく知っていた。しかし、彼女は漢語を話せないし、漢字も知らなかった。学校に通ったことのある一三歳の孫が通訳になってくれた。

▲菜種を桶に叩きつけて脱粒する。黒い小さな種子が飛散しないように囲っている。

◀扁平なさらえ鍬は田の畦用、唐鍬は掘り起こし用、四本爪の熊手鍬は水田耕作用

熱帯地方に多い水牛の肩に横木をかけての代かき。

シャ族の名の由来

シャ族は福建省にも多い。福建語で蛇のことを〝シェー〟と呼び、普通漢語（北京語）で〝シャー〟と呼ぶ。

シャ族を〝シェ〟または〝シャー〟と発音するのは、いずれも蛇を意味する発音である。自称〝畲哈〟とは〝蛇の人〟、〝龍人〟を意味する。

畲や苗の民族名は漢民族が漢字をあててつけた名称である。そこには蔑視もあれば一方的な偏見や誤解もある。相手の立場に立つ習慣のない漢民族は、我田引水の民族名称をつけて正しいと主張してきた。

シャ族の村人たち

もしかすると〝シェー〟とか〝シャー〟の発音に「畲」の文字を当てているだけのことではあるまいか。だとすれば「蛇族」「龍族」と表記した方が本当の意味でわかりやすい。

この村の老人たちは、〝フルー〟と呼ばれる小さな手かごに火鉢を入れて持ち歩いていた。寒いせいか、

細長い竹のきせるでたばこに火をつけて吸う。

定規も使わず、五列を真っ直ぐに植える。

小さな手かご火鉢（フルー）で手を温める89歳の雷谷花さん

筍の皮を剥いで昼食の準備

立派なかまどのある農家の台所

フルーに手をかざして暖め、長いキセルの先のたばこの火種にもしていた。老人たちは、それをどこへでも持ち歩き、常に携帯している。

村人たちは、雨の中、シュロの毛を編んで作った蓑（トンスイ）や竹製の笠をつけて野良仕事をしていた。この蓑笠の身支度は、四、五十年前の日本の農村でもよく見られた。シュロの毛の蓑は、私が幼少年時代に見たものと全く同じである。

シャ族は、古代から江南地方に住む民族の末裔で、彼らの骨格や服装は漢民族とあまり変わりない。違う点は、まず言葉。それに、結婚式や祝い事に必ずチョンコーと呼ばれる対歌を歌い、葬式に使者の経歴を歌い上げるケウニヤ（哭歌）を歌い、鳴り物入りで踊ることだ。

薬食同源

食物は米が中心だが、餅をついて胡麻粉や大豆粉をまぶして食べる習慣もあり、チュツアウという甘酒やチュウーという米の酒、シェオチュー（焼酎）を飲む。それに、七月の収穫前には、新米を食べて神や先祖に感謝する新嘗の祭りもある。

雷谷花さんの家で、大きな飯台いっぱいに出されたたくさんの種類の昼食は、まさしく漢方薬の原料を料理したような薬膳で、山の幸が山盛りになっていた。これぞまさしく長寿者の食物だ。

シャ族の家には立派なかまどがあり、米を広口の鍋で炊く。そして、炊き上がった飯をパンチェンと呼ばれるお櫃に入れる。幼少年時代にはわが家にもあった懐かしいお櫃から、湯気の出る温かいご飯を茶碗に盛ってもらう。粘り気のある日本とほぼ

わらび・筍・ゆりの花・椎茸・しめじ・どくだみの根茎・たにし・蛙等の炒め物

家庭では、飯台の上の料理を椅子に座って食べる。

雷谷花さんは男女2人ずつの子を産み、今ではひ孫を入れて25人の家族。

主食は米飯だが、時には餅をついてごま粉や大豆粉をまぶして食べる。

同じ味のご飯だ。

飯の菜は、まさしく〝薬食同源〟で、わらびの生や乾物、筍の生や乾物、乾燥ゆりの花、椎茸、しめじ、薬草のフーツオ（毒消し）、野草の一種ロンニガ（毒消し）、消化をよくするといわれるどくだみの地下茎、卵、たにし、カエル、鯉、鶏、アヒル、豚肉などを炒めたものである。それに自家製の酒がついている。なんとも健康的な自然食で、つい食べ過ぎ、飲み過ぎて、二時間もかけて談笑しながらの昼食であった。この日の昼食には出なかったが、他に、なす、きゅうり、山芋、里芋、さつま芋、ジャガイモ、豆類、ビーフン、野菜の漬物、どじょう、鮒、山鳥、犬、牛など、何でも食べる。こんな食物ならきっと長生きできるのだろう。

要塞化した巨大な土楼にはいろいろな形があるが、円形と方形が多い。

夕食用の野菜を取りに、土楼を
出て畑へ行った。

土楼の中庭にも円筒状に小屋が建てられ、祠・井戸・豚小屋などがある。

客家族の土楼

李家の家系録

客家族、客家人と呼ばれる人々は約四五〇〇万人といわれている。彼ら客家は、中原一帯の漢民族が、歴史の戦乱を避けて、南東中国へ南下してきた人々だが、独自の文化を守り続けているので漢民族の中の少数民族でもある。その多くが海外へ進出し、客家系華僑とも呼ばれている。

土楼

中国福建省の厦門《アモイ》から西へ一一〇キロの山奥に龍岩市があり、そこからさらに南西に八〇キロ進むと、福建華僑の郷里ともいわれる湖坑郷《フーカンシャン》がある。山が多く、谷間に水田がある光景は日本によく似ているが、この地方には、土楼と呼ばれる、大家族が共に生活する巨大な家がある。中でも、円形の土楼は大変珍しい建築で、中国の切手にもなっている。

土楼の外壁は、木や竹を骨組みとして、蒸した糯米と石灰と土をよくつきまぜて造る。壁の厚さは一・二メートルもあり、まるでコンクリートのように堅く、頑丈で風雨に強い。

1階は炊事場と食堂、2階は物置や食糧庫、3・4階が住居

中庭の入り口正面奥にある、祖霊神を祭る立派な祠

最も古いもので千年、一般的に五〇〇年は使えるそうだ。

円形土楼は直径が六〇メートルくらい、高さは一五メートルくらいある。一階の部屋の奥行きは一〇メートルあるが、四階は五・五メートルと、上の方が狭くなっている。

二〇〇年前に五年の歳月をかけて建築された環興楼という名の土楼は、今も李姓ばかりが三七家族、二〇六人も住んでいるが、最初は一階を造り、徐々に二階、三階、四階と積み

中庭には必ず井戸がある。炊事の時には各家族が水を運ぶ。

上げたそうである。
外壁は土であるが、部屋は木材が使われ、一周する廊下や階段は木製である。そのため防火用と盗難防止を兼ねて、土楼内が八つに土壁で区切ってある。火事になっても、その一つが上下に焼失するだけにとどまる。

土楼の内庭には祖霊神を祭る祠があり、井戸や便所、それに豚小屋がある。一階は炊事場、食堂。二階は物置や食糧庫。三階と四階が住居になっており、廊下に小便用の陶器の壺が置いてある。外壁には三階以上にだけ窓があり、まるで要塞だ。

客家華僑たち

湖坑郷の二つの村を尋ねた。人口八千の湖坑村は大半が李姓であり、今から九〇〇年ほど前の宋時代に甘粛省から移住したという。人口二千人の洪坑《ホンケン》村はすべて林姓で、五〇〇年ほど前の明朝時代初期に、福州から移住してきたといわれている。

彼ら客家人の先祖が移住した当時、先住民との戦いが絶えず、その自衛策として大家族主義になり、四角や

1階の土間で、子育て中の母親たちが楽しげに雑談。

朝食用に豆腐を揚げ、夕食には餅をついて小さく丸めた。

炊事場に天井から吊してあった子守り用の竹籠

円形の土楼が発達したとされている。

一泊させてもらった振成楼は、たった五家族、二九人しか住んでいなかった。家族の大半は香港、台湾、インドネシア、アメリカなどに住んでおり、春節（正月）に戻ってくると、二五〇人ほどになるそうだ。

華僑、それは外国に定住して商業に従事する中国人のことであり、その本国への送金は国際収支に重要な役目をなしてきたし、二重国籍者が多い。中でも福建華僑としての客家が多いが、それはこの土楼によるともいえる。社会情況が安定するに従って、大家族主義の必要がなくなり、多くの者が出稼ぎに行き、郷里の土楼に住む人に送金をしてきた。

ちなみに、人口二千人の洪坑村から出ている華僑は、約千人いるそうだ。

客家華僑たちが郷に入っても郷に従わないのは、親族の誰かが守っている土楼があり、いつでも帰れる安心感のせいかもしれない。

◀芋は時々食べられるが、芋のつるは野菜として煮物によく利用される。

▼振成楼の夕食は、餅や鯉の煮つけ・鶏肉・豚肉の野菜炒めなどと酒がふるまわれた。

生魚を食べる壮族

中国南部に住む壮族は、一二世紀の南宋時代に〝力強くぶつかる〟意味の「撞」と記され、明・清時代には「獞」であった。そして、革命後の一九四九年に「僮」とされ、一九六四年に現在の「壮」の字が当てられた。いずれも「チュワン」の発音であるが、これは漢人の呼称で、彼ら自身は「ウンバン（村人）」または「プラオ（長老）」などと呼んでいたそうであるが、今ではチュワンと自称している。

壮族に古くから伝わる雲雷紋の模様を施した布

武鳴県馬頭村の共同収納庫に芋の切り干しを持ち寄った。

村の市場で、雑談しながらのんびりと自家製の食物を売る。

町の市場で川魚が売られていた。手前は生きた草魚で刺し身用。

壮族の村

紀元前三三四年、西の楚の国との戦いに敗れた越の国の人々の多くは、南に逃避し、百越と呼ばれるほどに分散した。壮族はその一つの末裔であるといわれている。彼らはもともと精霊信仰であったが、後に仏教徒になった。

広西壮族自治区の成立は一九五八年であり、現在の総人口は三三〇〇万人。そのうち一一〇〇万人が壮族であり、雲南、貴州、四川省などにも百万人いる。中国の五五の少数民族の中では、最も人口の多い民族である。

一九八〇年一月一日に壮族自治区の武鳴県を訪れたが、壮族の風習が残っている村の訪問許可は、なかなかとれなかった。

農家で放し飼いの鶏を竹籠に入れて運び、町の市場で売る。

生魚を食べない漢族

すぐに訪問が許された町近くの村は、衣と住がすでに漢民族に同化していたが、食についてはまだ特徴が残っていた。正月のしば餅（もち）、三月三日の三色おこわ、五月五日の粽（ちまき）や、酒、納豆、醤油などがあり、魚を生で食べる習慣があった。私も彼らとともに、川魚の刺身をたれにつけて食べた。味はフグのようだった。

同行の漢人たちは決して生魚を口にせず、私をからかって笑った。

「日本人は壮族と同じだ」

花山近くの村の親子

未婚女性の正装

牛糞を竹籠に入れて畑に向かう。

村の人々は、米粉の揚げだんごをよく食べる。

私の知る限りでは、魚の刺身をよく食べるのは、日本と台湾の一部や韓国済州島の人々と壮族だけである。その後一九九六年に再び武鳴県馬頭郷前蘇村を訪れた。

村は丘になっており、小学校は上の方にあった。私は、ウン・ヨーウさん（三五歳）の家を訪れ、この地方の生活文化を調べることにした。特に、川魚の草魚を生で食べるので、その料理の仕方を知りたくてやってきた。

草魚の食べ方

壮族は、家庭で男性が料理することが多い。ウンさんもすべて自分で料理し、奥さんは何もせず田仕事をしていた。

草魚のことを壮語では「ラクワン」という。彼は、前日ラクワンを池から捕ってきて清水に入れていた。長さ四〇センチほどのラクワンのうろこをとり、三枚におろし、白いきれいな紙で水分や血をよく拭き取った。ラクワンには小骨が多いが、薄くせん切りにするので口にさわることはない。それに落花生油または菜種油をかける。

この薄く切った生魚の肉につけて食べるたれ（味をつけた汁）は、米酢が中心で、落花生油を少々入れ、薬味としてしそ、セリ、雷公根（せんぶりのような草）、香草、唐辛子、生姜、らっきょう漬などを細かく切って入れる。

こうしたたれをつけて食べる魚の味は刺身というよりは「ぬた」に近い。それにしても、中国大陸で生魚を食べるのは壮族だけである。漢民族は決して生肉を食べない。彼らは、生肉を食べる人間は原始人だと思っている。だから、食物には必ず熱か火を通す。

生きた草魚を三枚におろし、白い紙で水分や血をよく拭き取る。

たれの薬味は、しそ・せり・香草・唐辛子・らっきょうなど

生姜を刻んでおいた草魚の刺し身と、味をつけたたれ

糯米の焼酎を飲みながら、草魚の刺し身を食べる村人たち

壮族の二次葬と祖霊信仰

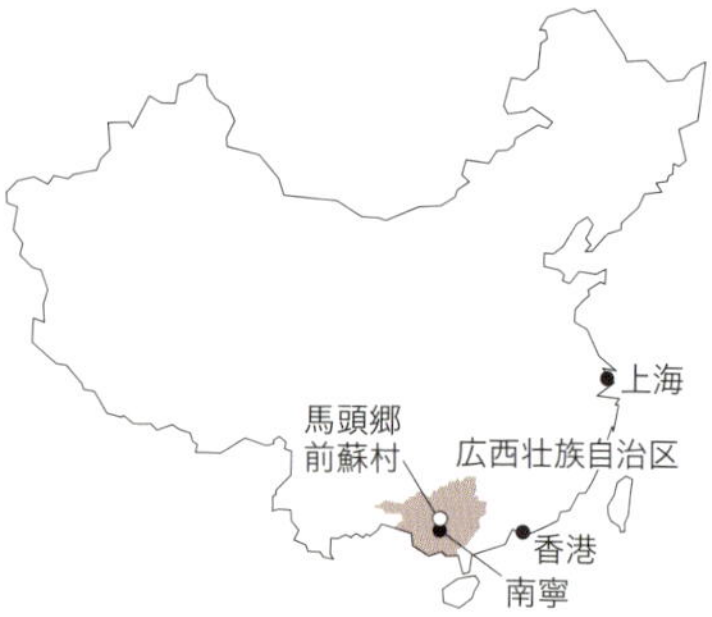

中国南部の広西壮族自治区をこれまでに三度訪れたが、まだ〝二次葬〟に出会ったことはなかった。四度目は、九六年一月、越系民族の「稲作文化」を踏査するためであったが、やっと二次葬を見ることができた。

二次葬の涯墓から村を見下ろす。

▲葬列を先導する飾り付けが運ばれてきた。

◀庭に高いのぼり旗を立て、葬式の準備をする農家

壮族の村

区都の南寧から約六〇キロ北の武鳴県には、多くの壮族が水稲栽培を生業として生活している。生活形態はすでに漢民族化しており、家はもともとは木と竹の高床式住居で、階下は家畜用であったが、今では平屋の煉瓦造りになっている。

しかし、彼らは今も稲作農耕民で、稲作起源の伝説や新嘗の祭り、雷神の子であるカエルをトーテムとする風習などがある。燕を益鳥として大切にし、川魚の草魚を生で食べる。正月には草木で着色した赤、白、黄色の三食おこわで祝い、糯米の焼酎

南斜面に作られた穴に、二次葬で運びこまれた骨壺

一次葬の棺。二次葬されない場合はそのまま朽ちてゆく。

や酒を飲み、男女で対歌をする。また、二次葬の習慣があり、骨壺を絶壁に安置する「崖墓」を作る。これらは、稲作文化の民「越族」の末裔である壮族独特の風習である。

私は、駱越系民族末裔の稲作文化を踏査したくて、広西壮族自治区の武鳴県馬頭郷前蘇村を訪ねた。まだ水稲栽培中心の生活だが、このごろ換金作物として砂糖キビが多くなっている。この村は純農業地帯で、約二〇〇家族、人口七〇〇人の小さな村だが、小学校が一つある。周囲には水田が多い。

二次葬の儀式

午前一〇時頃、カメラを肩にかけて村を見て回っていると、小学校近くの蘇明華さん（四〇歳）の家で、親類縁者が集まって先祖祭りをしていた。

息子がいうには、今日は占いによると吉日なので、三年前の五月一五日に七〇歳で亡くなった父親の二次葬をしているのである。

長男の蘇明華さんや縁者の男たちの多くが墓地に行って洗骨をしているというので、次男に相談したところ、取材することを承諾し、案内してくれることになった。

村から一キロほど西へ戻った村道近くに墓地があった。ゆるい丘になっており、黒松が生えている。木棺は地下に埋めるのではなく、土に半分ほど埋まっているが地上に置いているので一種の風葬だ。

一五名の男たちはすでに棺を開け、白い柔らかな紙ですべての骨を拭き浄めていた。浄めたお骨は、竹製の箕に入れて、稲わらの煙で二〜三分燻した。そして、高さ四〇センチほどの壺に足の骨から順々に収める。男たちは会話をしながらにこやかに作業をする。最後に頭蓋骨を置き、壺の口に赤い布をかけて栓をす

白い柔らかな紙で拭き清めた骨を箕に載せ、稲わらで燻してから壺に納める。

る。この間祈ることもなく、明るい雰囲気が漂っていた。

　長男の蘇明華さんが、その壺を竹かごに入れて背負い、村の入口まで運んだ。占いで決められた村の入口にある低い丘の南向きの斜面をうがって壺を安置した。

　鶏と豚の肉、米を供え、紙銭を燃やし、線香を点した。近い親戚縁者だけが、線香を手にして拝礼し、大地に膝と掌をついてひれ伏し、冥福を祈った。正午頃、蘇さんの家に戻った男たちは、酒とごちそうをふるまわれた。村人たちは米の焼酎に鶏の胆汁を入れ、緑色にした焼酎を大きな茶碗で回し飲む。目がよく見えるようになるということであった。

　二次葬にかかる費用は、五～八〇〇元。村人の平均月収は二〇〇元（約二五〇〇円）なので、貧しい家族にとっては、祖霊信仰としての二次葬をすることができず、そのまま

骨壺の裏栓には名前と年齢などが銘記されている。

約２時間で全ての骨が拭き浄められた。前列左から３人目が長男。

放置され、一〇年もすると風化して地上の棺は朽ちる。

「四〇年ほど前までは、豊かな家の家長の骨壺は、岩山の高い穴に安置された。今では雨乞いもしないので、村の近くの低い所に安置するだけだ」

村人は淋しげにいった。岩山の高い所に安置して崖墓を作りたいのだが、たくさんの費用が要る。今ではそんな余裕はないともいった。

祖霊信仰

祖霊とは先祖のことであり、先祖は家系の一代から死んだ先代までの人々のことだ。人間の肉体が滅んでも霊魂は存続するという観念は、世界の各地に分布し、いろいろな祖霊観念があるが、特に越系の稲作農耕民たちは、稲を栽培するために天災や病害虫防止、雨乞いなどに利用し、いつしか「神」としてあがめるようになった。そして「祖霊信仰」という社会形態が組織化され、豊作祈願や収穫感謝の祭りや年中行事へと発展させた。

雨乞いは、古代から稲作農耕民、壮族にとって大変重要な儀式であった。広西壮族自治区の武鳴県や平果県には、石灰岩の岩山の絶壁にある洞穴に骨壺が安置された「崖墓」が今もたくさんある。ここの崖墓は、雨乞いに利用された先祖の遺骨を安置することから始まったとされている。一般的に崖墓は南向きの絶壁にあり、そこからの眺めは良く、村の守り神が鎮座する所でもある。

壮族の人々は、今も稲を栽培する稲作農耕民であるが、科学技術の発展により、すでに治水工事が施され、灌漑用水路などの水利施設がかなり充実しているので、雨乞いの必要性はなくなっている。しかし、彼らには、今もまだ祖霊の宿る崖墓を作るための二次葬の習慣がある。

二次葬の最後に、家で全員に酒食がふるまわれる。

明江で船上生活する人々の船内

越系民族が残した花山岩画

広西壮族自治区のベトナム国境近くに、古代の越系民族が描いたものと思われる〝花山岩画〟がある。これは、左江の支流、明江の右岸にある、高さ二九〇メートル、幅二五〇メートルもの岩の絶壁の下層部に描かれている。

私は一九九〇年一月と九六年一月の二回、この地を訪れた。

花山岩画近くの明江に浮かぶ漁船

高さ 290 メートルの絶壁の下層部に、岩画が描かれている。

岩肌の人物画

区都南寧から南へ二〇〇キロ、舗装された道を車で三時間走ると寧明に着く。ここからは道がないので、左江の支流である明江を川船で二時間下り、パンロン村に着く。さらに川船で四〇分下ると花山である。

高さ四四メートル、幅二一〇メートルの岩肌に、朱色で奇妙な体形の人物像が、約一八〇〇体も描かれている。朱色の塗料は、酸化鉄と牛の血、牛乳、樹脂などをまぜたもので、竹かしゅろの毛などのはけのような

カエルのような蹲踞の姿は、男たちの戦いや行事を表現している。

ものを描いた素朴な画だ。裸で踊ったり、カエルのような蹲踞《そんきょ》の姿は、見れば見るほど不思議な画で、まるで宇宙人が描いたのではないかと思われる。

この塗料を炭素14（C14）で調べると、一八〇〇～二五〇〇年前のものと判明した。

村の長の一生

これらの画は、いくつもの集団になっており、村の長の死を記念して描いたものである。死者は腰に環刀をつけて犬の背の上に立っている。その周囲の人物はほとんど裸体に近い描き方である。

死亡した村の長の一生に起こった大きな出来事を、彼の周囲に描いている。戦勝記念もあれば雨乞いもあり、権力や財力の大小は銅鼓で象徴している。

竹で作った長い帽子をかぶった女たちは、山の上に登って雨乞いのた

頭の双髪は男性、単髪は女性。帽子のような高髪は英雄。

下層部の幅 250 メートルに約 1800 体が描かれている。

1963 年 2 月、「花山岩壁画」として自治区から認定された。

めに踊っている。祈った後は、その帽子を頂上に置いて下山した。

　雨乞いは竹製の高い帽子をかぶって踊る女たちで、戦いや行事は男たちのカエル踊りの姿で表現している。

　頭に羽根をつけた羽人がいる。頭髪を角のように二つにした双髪《そうはつ》は男性、一角のような単髪《たんはつ》は女性。西洋料理人の頭にある帽子のような高髪《こうはつ》は男性で、英雄の象徴である。

　一般的に、男性は正面からカエルのような蹲踞《そんきょ》の姿勢で力強く、女性は女らしく見せるため、柔らかく踊る姿で側面から描かれている。

さまざまな銅鼓の画

銅鼓を表現する〝星線紋〟にもいろいろな型がある。⊕、⊛、⊗などはいずれも権力や財力を象徴する銅鼓を意味する。また、旱魃や太陽を表現するには、○、⊙、◉、◎、☼等を用いている。

　銅鼓は、もともと炊事用具の鍋であったが、やがて楽器となった。食事が終わり満腹になると、人々は鍋をひっくり返して底を叩いて歌い踊ったことから、楽器としての銅鼓

絶壁の下層部に日は差さないし、雨も当たらない。

死者の魂は、犬に導かれて山頂や天界に逝くと考えられていた。

が始まった。そして、雷神の息子であるカエルをトーテムとする人々は、銅鼓の上に翔鷺紋《しょうぎもん》や雲雷紋《うんらいもん》の模様を施し、雌雄のカエルの像を置いて、人口増加を願った。

　こうした銅鼓の使われ方は、①権力の象徴、②祭祀、③盟会（村と村の会合）、④集会、⑤賞賜、⑥王への捧げ物、⑦神器、⑧舞踏用の楽器、などである。また、銅鼓は祟りを鎮めるために、地下に埋めたり、水の中に沈めたりもした。

二千年の時を超えて

　古代越人は、死者の魂は犬に導かれて山や天界に逝くと考えていた。また、人が死ぬと肉体は魚になり、魂は鳥（鷺）のようになって天に昇るとも思われていた。そして祖霊は天の門の中に入るともいう。

　村の長、村長と思われる人物が、長い環刀を腰に差し、犬の背の上に立っている姿が大小三一体あり、大きいものは一九体ある（一体だけ長刀を腰につけていない）。

　とすると、少なくとも一九世代、多くて三一世代の首長が描かれてい

◎は太陽で旱魃を表現している。

る。一世代約二〇年で計算すると、三八〇年から六百数十年もの間にわたって、この巨大な岸壁に、民族、村の物語が描かれていることになる。岸壁に塗られた朱色の塗料を炭素14で調べると、これらの岩画には約七〇〇年の年代差がある。岩画には雨や水はめったにかからないし、陽差しはほとんどない。そのせいか、外気に触れているにもかかわらず、二千年近くも原型をとどめ、いまだに変色の少ない不思議な現象だ。

天からの声

湾曲した川の反対側に渡ってよく見ると、壁面が湾曲しているのがわかる。特に腰部の高さ五〇メートルくらいが、川の流れによってか、ゆるやかに湾曲している。上部が突出しているせいか、岩壁の下で発する音が拡声されることは一回目の訪問の時に気づいていた。しかし、今回対岸に立つと、人の声がはっきりと聞き取れることに気づいて驚かされた。

反対側の岸から拍手を打ってみると反響した。「オーイ」と声を出すと大きく反響し、上空の方から返ってきた。やや大きな声で岩山に向かって話しかけた。拡声された同じ言葉が天から下りてきた。不思議な現象に驚かされ、川幅五〇メートルもある花山岩画の岸壁に何度も声を発した。拡声された声が、まるで天の声のように岩山の頂上の方からはね返った。

ここに岩画を描いた人々は、声が拡声される自然現象を十分知っていたに違いない。

彼らにとって、ここは精霊や先祖の魂の宿る岩山であり、お祈りをすることによって天の声を聞くことのできる聖地だったのだろう。

竹製の高い帽子をかぶって、山頂で雨乞いのために踊る女たち。

死者は、腰に環刀をつけて犬の背に立つ。

▲12月下旬、苗代に種籾を播く。

海南島・リ族の竹踊り

一九八二年一二月二六日に海南島を訪れた。島の中央部に標高一八六七メートルの五指山《ウーチーシャン》があり、その南に人口二万人くらいの町、通什がある。周囲を山に囲まれた町は、標高八〇〇メートルの盆地にあり、〝リ族〟と呼ばれる少数民族の居住地域で、山間にはリ族の村が散在している。

リ族の村

海南島の総人口は五四〇万人だが、南部に約七〇万人いるといわれるリ族は、約千年前に福建省の方から移住してきた人々の末裔である。通什の町の近くには、約二〇〇年前に広西壮族自治区から移住してきた苗族約二万人の村々もある。

リ族は漢字で〝黎族〟と表記されるが、海南語では〝ロイ〟。村人は自分たちのことを〝ゲイ〟と呼んで

若い女性の腰巻き用の布に施された模様

結婚式や祝い事に必ず若い男女が行う竹踊り

▲土壁のある新しい形の家

▶ゆるい斜面に棚田が広がる什馮村

臼に入れた籾を杵でつく。

いた。ゲイの意味を尋ねたが、誰も教えてくれなかった。

私は通什の町に二泊して、史さんと劉さんの二人の通訳とともに、リ族の村を訪ね歩いた。

最初に案内されたのは、町から三〜四キロの蕃茅《バンモー》村だった。この村は近代化していたので、もっと素朴な村を見たい旨を伝えると、村の生産隊長であったワンチン・ファンさん（四〇歳）が、私たちの車に同乗して他の五つの村を案内してくれた。

什馮《タバン》村

通什の町から別の谷間を約六キロ入った什馮《タバン》村が最も素朴でよかった。何より、車の通れる道がなく途中から歩いた。ゆるい斜面に美しい棚田が広がり、茅ぶきの家があったが、この辺では一番古い村だそうだ。

什馮《タバン》村のチュン・シンさん（二五歳）の家でいろいろ聞き取りをした。村人の三十数歳から下の人は学校に通い漢語（中国語＝北京語）を話すが、それ以上の人は理解できない。ところが若い人はリ族の生活文化をあまり知らない。通訳は日本語から漢語、漢語からリ族語なので、なかなかうまくいかない。

チュン・シンさんの家に村人十数人が集まってくれ、〝ビヤン〟と呼ばれる酒を飲みながら話を聞いた。リ族は、人が集まるとお茶代わりに酒を飲むのだそうだ。大変口ざわりのよい生酒で、アルコール度一〇％

籾を箕で選別する。

▲チュン・シンさんの家の台所

▲リ族の酒の酵母

▶男も女も食事しながら“ビヤン（酒）”をよく飲む。

▲土の壁のある家の入り口

▲竹と木で作られた納屋の骨組み

◀酒を壺から瓶に入れ換えて卓上に出す。

だそうだ。しかし、ビヤンはさらに二〜三週間もすると、アルコール分三〇％の強い酒になるという。これは日本の甘酒を絞った〝にごり酒〟と同類のようで、私は茶碗に二杯飲んだが、あまり酔わなかった。

リ族の結婚

リ族は、稲の二期作農耕民である。まず二〜三月に田植えをして、五〜六月に収穫。次には七から八月に田植えをして、一〇〜一一月に収穫する。一二月末は農閑期だが、苗代を作っていた。

リ族の家は本来竹と茅だけで作っていたが、今では土壁で囲い、屋根を茅でふいている。土間で煮炊きするので、家の中は煙が漂い、目にしみた。

結婚について尋ねると、村人たちは我先にと話してくれたが、二人の通訳によってやっとわかった。

まず、男の父親がそれらしき娘の

〝トノセ（竹踊り）〟は若い男女の顔見せで、村人の注視を浴びる。

竹踊りは、歌ったり、跳んだり跳ねたりで、健康であることの表現でもある。

両親に会い、息子の嫁にと相談する。両親の承諾を得れば結婚が成立する。結婚式は、水牛四頭と小さな銅鑼一個、それに銀貨一枚を男の方から娘の親に渡した日に、娘の家で飲み食いの宴会をした後、男側に連れて行く。当日は、村人たちが集まって歌ったり踊ったりする。中でも〝トプセ〟と呼ばれる〝竹踊り〟が一番盛り上がるそうだ。若い男女にとっては見合いや顔見せを兼ねているので村人の注視を浴びる。

　その竹踊りをぜひ見たいと頼むと、明日、私が最初に訪れた蕃茅《バンモー》村で行われるとのことだったので、ワンチン・ファンさんに頼んで見せてもらうことになった。

　翌二八日、午前九時に蕃茅《バンモー》村を再訪した。リ族は苗族と違って日常的な衣服は西洋風になって特徴はないが、一二名の若い男女が、リ族の衣服を身につけていた。

リ族の竹踊り

　村の広場に村人が集い、若い男女が歌ったり踊ったりした。そして、一〇時頃から竹踊りを始めた。それは歌や掛け声でリズムをとりながら、フィリピンのバンブーダンスのように跳んだり跳ねたりする遊びだった。

　道具はすべて竹で、ロームと呼ばれる大きな竹を二本平行に並べ、その上にローンと呼ばれる直径四～五センチの竹を渡している。ローンを持つのは三～四組、多い時は五～六組にもなる。多いほど面白いそうだ。

　遊び方は、両手に持った竹をロームに、一、二、三とコンコンコンと叩きつけ、四で前に跳んで進む。一、二の次の三で前に進む場合もある。

　ローンをリズミカルに跳び越せばよいが、遅れて足を竹にはさまれると失格。敏捷でない者は、足を取られて笑い者になる。遊ぶのは一二、三歳から上の男女で、元気な壮年もやるそうだ。

　私もやらせてもらったが、なかなかうまく進めなかった。

　竹踊りは昼前に終わり、一二時から若い女性ワントン・チュー（二〇歳）さんの家で、リ族料理の昼食をごちそうになった。リ族は男も女も五～六歳からビヤンをよく飲むそうで、女性も強かった。

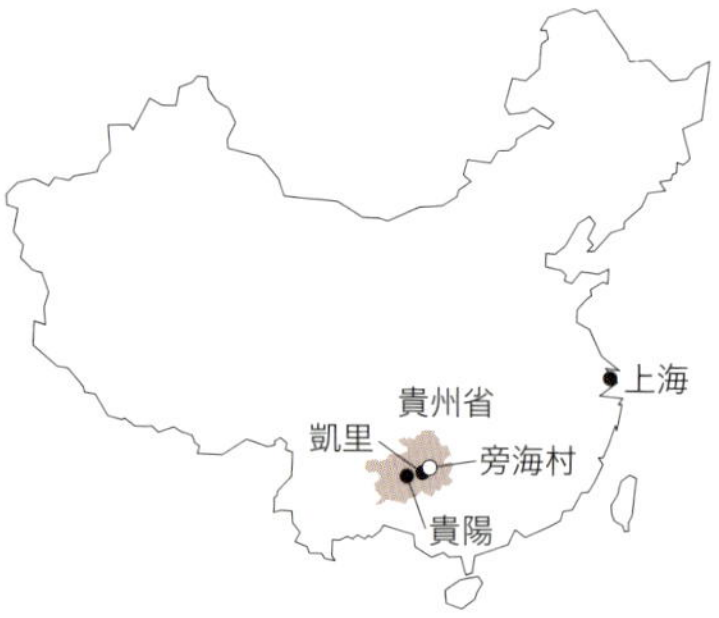

苗《ミヤオ》族の豊年祭

娘が銀製品を身につけて着飾るのは、
元気な働き者であり、家が豊かだという証明であり、
よりよい男からの求婚があるからだという。

装飾品に勝る笑顔が、祭りのにぎわいの中でも輝いていた。

旁海苗の自由市場

中国南西部の貴州省は平均標高一一〇〇メートルの山岳地帯で、平地はないが、森林と川が多く、日本に似た自然環境にある。貴州省の人口は二八八五万人であるが、そのうち少数民族が七四二万人で、苗族は二五八万人。

私は、稲作農耕民である苗族《ミヤオ》の豊年祭の芦笙節《ろしょうせつ》を見るため、一九八三年九月一日に貴州省を訪れた。首府貴陽から山また山の道を東へ二〇キロ走破すると、苗族の中心地である凱里《かいり》に着いた。そこからさらに

いろいろな地域から旁海村の自由市場に物資が運び込まれる。

棚田の稲を刈り取る少女

山の尾根を北東へ三五キロ走ると、大きな谷間の清水江沿いに旁海村があり、黄金色の稲穂が一面に波打っていた。

豊年祭は三日間であるが、芦笙節は旧七月の最後の卯の日で、太陽暦の九月五日であった。前日の四日は祭りの中の自由市場で、私は副区長ポーさんの案内で市場へ出た。旁海村は人口三千人なのだが、なんと一万人以上もの苗族が集まって、村の通りはすべて人で埋まっていた。

野菜、果物や肉類はいうに及ばず、酒、たばこ、竹や木の家具、鉄器、陶器、衣類、雑貨類、傘、食料、まだ温かいコンニャクや豆腐、そして日本と同じわらじなど、ありとあらゆるものが売られている。革命以前は物々交換であったが、今は金銭による売り買いである。

この地方で最も盛大な祭りの中の自由市場は、豊年を祝うに必要な生活必需品ばかりで、電気製品や色あざやかな化繊などはまだ商品化していない。苗族の民族衣装の女性たちが物を売買する素朴な市場は、一八世紀の雰囲気が漂っているように思えた。

一万人以上もの人々が集う自由市場で、華やかな布を売る女性たち

すっぱい料理

昼食は村の民家に呼ばれて苗料理を食べた。他にもお客があり、十数名が土間の食台に向かい合って座った。料理は鯉こくと野菜料理が三種類と野菜スープである。主な味付けは唐辛子と塩であるはずなのに、鯉こく以外は、隠し味なのかすっぱさが口に残った。尋ねると、オーシヨと呼ばれる酸味のある汁を使用していた。

オーシヨは、米のとぎ汁を三、四〇度に温め、冷えるのを待って古いオーシヨの入った壺に注ぎ込み自然発酵させたもので、苗族にとっては、なくてはならない調味料である。他には、ニシヤと呼ばれる、滋賀県の琵琶湖沿岸地方で食べられる鮒ずしと同じ物を作る時にも、オーシヨが使用される。

　ニシヤは、一四、五センチに成長した鮒の内臓を切り出してよく洗い、糯または粳の飯で包んで壺に重ねて入れた後、オーシヨを注ぎ込んで半月もたつと発酵するので、酸味のある保存食にして食べるものである。

　苗族には、日本の酢や漢民族の醋に相当するものはなく、このオーシヨがあるだけで、先祖代々壺に入れて保存し続け、煮物料理には必ず使用するそうだ。

　彼らはまたよく酒を飲む。祭りには遠くから親族が訪れる。客にはまずおちょこで二杯飲ませる。これは、二本足で歩いてきてくれたことへの感謝の表現だという。幾山河越えて歩いてきた客にまず酒をふるまい、若鶏を料理し、主婦がその肉をはしでつまんで主客の口に入れてやると、皆が食べ始める。主婦は歓迎の歌を歌いながら、客に酒をすすめる。時には、飲むことを強いる。酔払ってくると、食べるよりも手を取り合って歌うので、食事が一時間以上にもなる。なんとなく、日本の宴会に相通ずる光景だ。

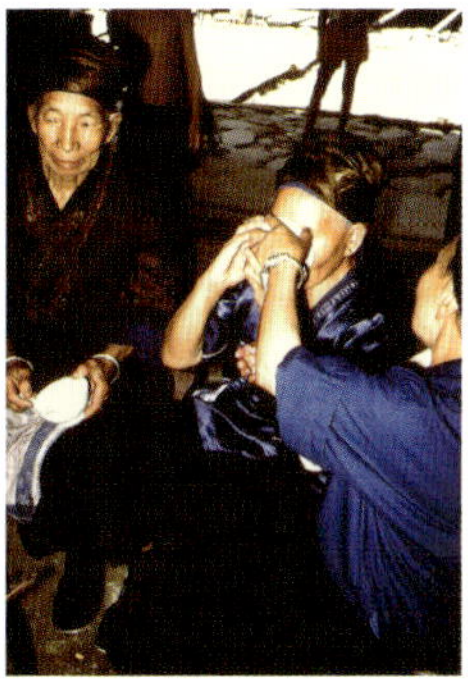
主婦は客に酒をすすめる。時には強引に飲ませる。

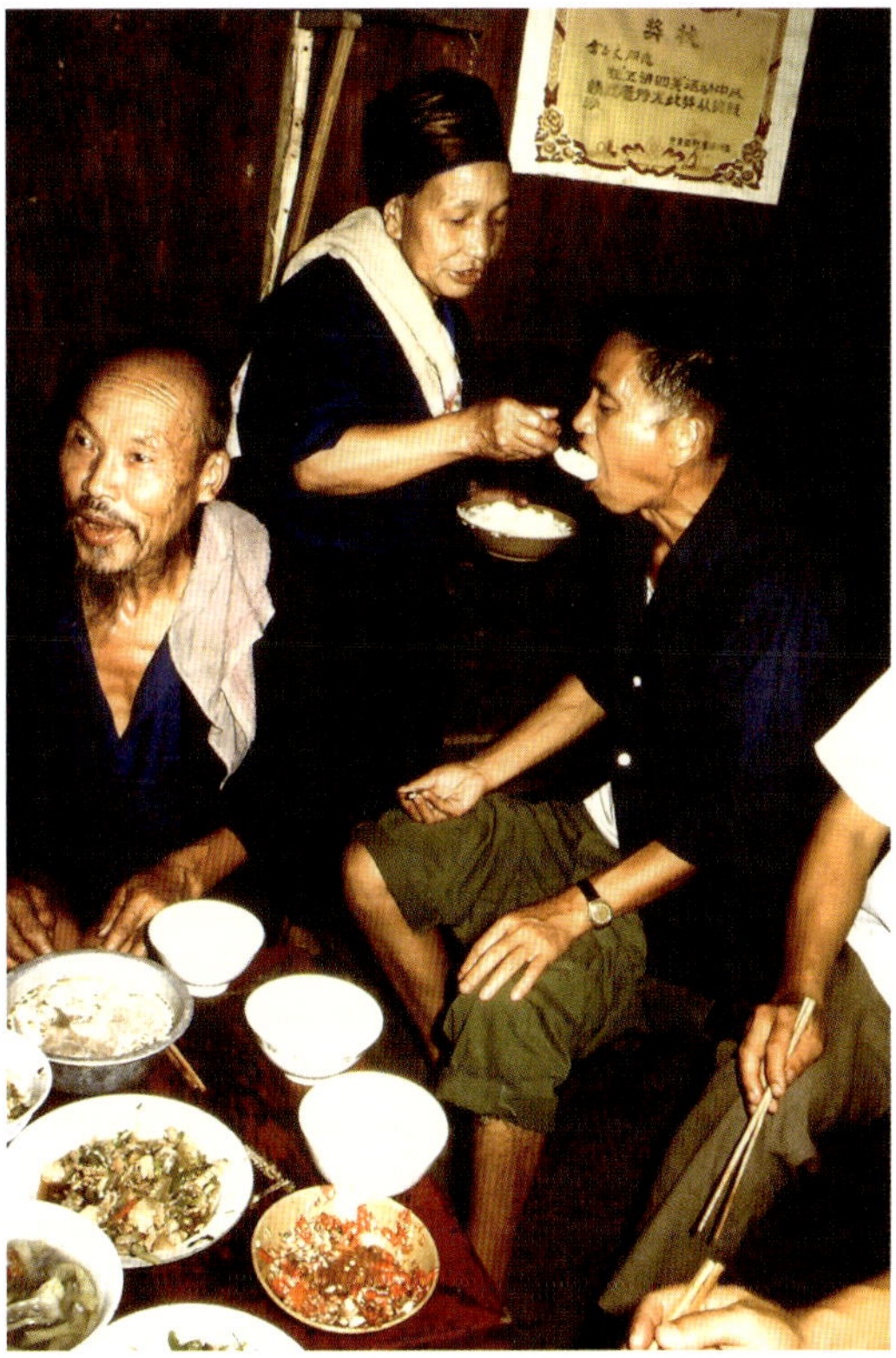
主婦が主客の口に料理を入れてやると、皆が食べ始める。

芦笙の音は祈りの合図

　旁海地方では旧暦の一月、三月、七月と三回笙を吹くが、一月一五日の小正月に農事始めとして吹き、翌一六日に豊年祈願祭として吹く。三月は田植え前に豊作を予祝し、田植え中に吹くと不作になるということで厳禁されている。田植えは四月初旬の卯の日に始め、四〇日以内に終わらせる。そして、旧暦七月の最後の卯の日が、豊年を祝うための最も大きな芦笙節である。

　芦笙は、神である精霊に祈りを捧げるための合図のようなもので、より大きな音が望まれて大型化したといわれている。革命以前は、芦笙頭と呼ばれる司祭者が、まず芦笙堂に入って神に祈り、吹き始めてから村人が吹くことを許された。しかし、

清水江の川原で若者たちが芦笙を吹き、娘たちが着飾って踊る。

今日では儀式はほとんど重要視されていない。特に旁海村は以前から大変自由な芦笙節であったという。

清水江のほとりは、もともと交易の場として使用されていたので、川を道として上下流域から集まる人々の娯楽や社交の場であり、親戚、友人、知人などを訪れる機会として、芦笙節に集うようになったので、いろいろな村人がグループになって笛を吹くことがならわしになっていた。だから、旁海の芦笙節は、不特定多数の人々のためのもので、一括した司祭者はいなかった。そのため、十数カ村もの人々が集い、苗族の中では最も大きな芦笙節で、毎年数万人が集うにぎわいである。

清水江の川原に、二万人もの苗族が集まった。群衆の中に輪がいくつもでき、その中で男たちが大小五本一組として芦笙を吹く。若い人は小型の芦笙を吹きながら活発に踊る。壮年者は大型の高さ二メートルもある芦笙を低音で吹き、ゆっくりと足をはずませ、他の四人の音頭をとる。五音階の芦笙の音は、大変単調でのどかなようだが、一時間も二時間も聴き続けると、精霊に全身をゆられているような陶酔感にひたる。日中は暑いので、夕方五時から吹き始め、夜を徹して続けられる。その近くでは競馬や闘牛などもあった。

旁海村から対岸の川原へ船で渡る。

祭りは娘たちの顔見せ

芦笙節の日、娘たちは昼前から落ち着きがない。母親も祖母も、娘のいる一家の女たちは、あちこちの家を訪れて談笑する。自分の娘や孫が、どのくらい着飾ることができるかを心配しているのだ。とにかく、五万六千人もいる旁海地方だけでなく、遠くからも、娘たちがありったけの装身具を身につけ、着飾って集う。

午後二時頃から、川原に人が集まり始め、四時頃にはすでに一万人を超した。着飾った娘たちは数人または七、八人が連れだってやってくる。中には、母親に付きそわれて、現地で装飾品を身につける娘もいる。どちらを向いても華やかさを競うかのように誇らしげな顔の娘たちが練り歩いている。

十数キロもの銀製装飾品を身につけ、華やかさを競う。

2～3年間分の給料を身につけて

豪華な首輪に誇らしげな笑顔

盛装を身につけてもらい、緊張の表情

装飾品が踊る

ちなみにどのくらいの値段か尋ねてみた。銀製の帯が二三〇元、大きな首飾りが二七〇元、刺繍をした上着一五〇元、ひだの多い特製スカート一〇〇元。しめて七五〇元であるが、大半が数個の首飾りをしているので合計すると約千元ともいえる。一カ月の給料が約三五元（四五〇〇円）であるから、二一～二八カ月分の給料になる。

娘が銀製品を身につけて着飾るのは、元気な働き者であり、家が豊かだという証明であり、よりよい男からの求婚があるからだという。一種の顔見せであるが、これらの装飾品は結婚する時に持参する。ところが結婚後はほとんど身につけることなく、すべて娘に譲ってしまう。

男たちは、神に豊年を感謝するため、全身汗にまみれて芦笙を吹き、最高に着飾った娘たちは、まるでお姫様のようにしとやかに、右回りにゆっくり踊る。多分、彼女たちは、芦笙の音に浮かれた精霊とともに踊っているのだろう。

苗《ミヤオ》族の新嘗の宴

貴州省の凱里《かいり》県に住む苗族の村々を訪れた。
凱里から一四キロ、大きな山に続く屋根の
一つに翁頂《ウーシャン》村があった。
人口約三〇〇人で、
水稲の棚田があり、
色づいた稲穂が美しかった。

“シャンホ（神棚）”に捧げられた新しい稲穂

新嘗祭の朝、田圃で稲穂を取り、孫を背負って、家に帰るウージさん

▲芦笙の音に合わせて踊る、着飾った少女たち

▶黄金色になった棚田の上にある翁項村

新嘗祭

稲作農耕民である苗族には〝ノウモー〟と呼ばれる新嘗祭《にいなめ》がある。旧暦七月の第一の卯の日から一三日間続き、第二の卯の日に、家族でごちそうを食べて終わる。しかし、今では一般的に最初の三日間だけである。

初日の卯の日（新暦八月三〇日）、村のヤン・ウージさん（五九歳）は、午前九時過ぎに三歳の孫を連れて、新米を食べる新嘗の儀式に使う稲穂を取りに出かけた。稲穂は二本ずつ結んで〝ジャンホ〟と呼ばれる神棚に捧げられた。そして他の穂から籾

壮年男子が吹く芦笙は大きく、2メートル以上もある。

を取り、殻を爪ではがした米を、蒸したおこわの上にパラパラと撒いた。以前は新米をおこわにしていたそうだ。

神々と踊る娘たち

この地方は、旧暦五月に田植えをし、八月に収穫する。新嘗祭の頃は収穫直前で、貯蔵米のなくなる時である。しかし、どんなことがあっても、新嘗祭以前に稲を刈り取ってはいけないことになっている。もし、それ以前に刈り取れば、家族が不幸になり、来年は不作になるという。

一家は一〇時頃から料理を作り始めた。神棚の前のテーブルには、器に盛られた料理が所狭しと並べられ、御神酒を捧げて祖霊神を祭ってから、一家そろって飲食した。まさしく、神人共食の稲祭り、魂祭りを兼ねた新嘗の宴。

二日目の辰の日は、儀式的なものではなく、村人たちが闘牛を観て楽しむ日。午後四時過ぎから川原で行われた闘牛会場には万を超す人々が集まった。

三日目の午後五時頃には、村の広場に近隣の村々からたくさんの人々が集い、芦笙吹きと踊りが始まった。中壮年の男たちが、大きな芦笙《ろしょう》を足をゆっくり斜めに前後させながら吹き、若者たちは小さな笙を、踊るように軽やかに吹く。その周りで、一二歳から一六歳の娘たちが着飾って誇らしげに踊る。二時間もゆったりと踊る娘たちは、まるで神々を相手に踊るようであった。

子どもたちは、芦笙吹きや踊りを見て興奮気味

水牛の闘牛会場には、1万人以上の人々が集まった。

▲神人共食の稲祭り、祖霊祭りを兼ねた新嘗の宴

◀料理をするウージさんの台所

大きな鼓楼は村の象徴的な建物

侗《トン》族の鼓楼と花橋

サオ村の墓地

貴州省の東端、黔東南《けんとうなん》苗族侗族自治州に、漢語で「肇興《ツァオシン》」、侗語で「サオ」と呼ばれる侗族の村がある。一九九六年八月二九日に、侗族の稲作文化を踏査するために訪れ、三日間滞在した。

サオ村

サオ村は山々に囲まれ、平地には稲作の水田が広がり、山麓にも棚田が続いていた。村は標高四～五〇〇メートルで、谷間の川に沿った一本道に家が建ち並ぶ。家々は木造の二階建てで、屋根は一〇×一五センチほどの灰黒色の平板な瓦で覆われている。村には約八〇〇家族、四千人が住む。

侗族は、もともと長江（揚子江）下流域の江南地方に住んでいた非漢民族系の人々で、稲作文化の社会を営んでいた。サオ村の人々の先祖は、今から七〇〇年ほど前の南宋時代の

▲背の高い２階建ての木造家屋

◀谷間の川沿いに家が建ち並んでいる。

屋根付きの木造花橋

終わり頃、漢民族やモンゴル族に追われて江西省吉安市のあたりから約六〇〇キロ西方のこの地に移住してきた。古代の越または楚の国の末裔で、江南地方の古い生活文化を今もとどめている。

衣服を棒で叩いての洗濯

花橋

サオ村は大家族制で、共同生活組織の単位である房族が五つに分かれている。そして房族ごとに、象徴的な楼閣、鼓楼がある。

鼓楼には必ず飲水源と花橋（飾橋）と劇場が付属する。村人たちは子どもの時から劇を習い、毎年旧暦六月六日の祭りに、一一歳から三〇歳ぐらいまでの男女が「孫悟空」「水滸伝」「西遊記」などの劇を演じ

若者は“ケイー”を奏でながら、即興で歌う。

た。しかし、四年前頃からは、若者が上海や広東に出稼ぎに行くようになり、子どもたちもテレビを観るようになってしまい、劇を習って演じる人がいなくなって、開演できなくなっている。

村の中を流れる小川にかかる「チイユ」と呼ばれる屋根つきの花橋は木造で、両側に長い椅子がとりつけられ、画や木彫などの飾りが施されている。この橋は、朝から夕方まで村人たちの憩いの場、社交の場であり、子どもたちの遊び場でもあるが、夜は若者たちの出逢いの場、恋愛の場となる。

若者たちは、「ピパー」（三弦）や「ケイー」（二弦）と呼ばれる楽器を奏でながら即興で歌う。男女数人がかけあいで歌うことが多いが、お互いに気が合えば、二人だけで語れる場に行く。

鼓楼

村は房族ごとに「ムンナンチンスイ」と呼ばれる飲水用の井戸がある。それに「タム」と呼ばれる池があり、田植え後の田圃に放す鯉や鮒の稚魚を育てる。魚は、収穫直前まで約四カ月間水田に放たれる。

房族ごとにある鼓楼は、必ず奇数層からなっている。小さいもので五層、大きいものは一三層で、高さ三〇メートルもある。

村の一三層の楼は、直径四〇センチほどの柱四本が中心で、その四方に直径三四センチほどの柱が一二本立つ。合計一六本の柱で大きな楼閣を支えている。

この鼓楼の下は、村人の集会場であるが、四本柱の中の床には、六角または円形に一〇センチほど窪地が作られ、冬の寒い時にはここで火を

村には地域ごとに見張台を兼ねた鼓楼がある。

燃やし、四本柱を囲んで歌い、踊る。

　楼には梯子がついているが、子どもが登れないように、やや高い所からつけられている。上層には床があり、長い筒型の木太鼓が吊してある。この床に建つと周囲がよく見渡せるが、外からは見えない。

太鼓

長さ二メートル、直径三〇センチの「コウン」と呼ばれるくり抜き太鼓は、両端に牛革を張ってあり、直径二センチ、長さ三〇センチほどの細長いばちで叩くと、トントンと澄んだ快音が響く。太鼓は、「集会」「敵襲」「長老の死」「火事」などを知らせるときに叩かれる。

　村の象徴的な鼓楼は、「見張台」「警報台」「集会場」などの役割を果たす。その形は、奇数層の屋根のついた「櫓」で、日本の弥生時代の集落にあった「楼閣」にも似ている。

　各鼓楼には必ず「チョオー」と呼ばれる四〜五〇代の伝達係がいて、彼が太鼓を叩くことになっている。

「トントントン……」

　一拍子で三回続けて叩き、それを繰り返すことによって「緊急事態発生」を知らせる。

「トントントントントン……」

　急いで連続的に叩くと「緊急集会」を意味し、外にいる村人はいっせいに戻ってくる。

　サオ村の鼓楼は文革中に破壊され、八二年に再建されたものだが、木太鼓は吊されていない。今日、太鼓が使用されているのは、高僧村の鼓楼だけといわれている。

▶両端に牛皮を張ったくり抜き太鼓

▼鼓楼には劇場が付属するが、今では使われていなかった。

鼓楼の前の広場で歌いながら踊る若い男女

昼間は村人が集う花橋。夜は若者たちの出逢いの場となる。

サニ族の道具と食事と刺繍

雲南省昆明近くのサニ族の村を訪ねた。
村人たちが野良に出る時刻なのか、
女たちは大きな竹かごを背負って行く。
どこの村人もそうだが、朝の出かけは元気がよく、
会話がはずんで笑いこける人もいた。
それに鶏が鳴き、豚が走り、犬が吠え、
雀までが鳴き叫んでいた。

石林近くのサニ族“五棵村”。手前は菜種を取るアブラナ。

雲雷紋に囲まれた放射状模様

村では人の数よりも豚のほうが多い。

サニ族の老婆

私は、二二歳になる通訳兼案内人の李君と村の中をしばらく歩いた。道沿いに壁の続いた家があった。その壁の中ほどに潜《くぐり》戸《ど》のような扉があった。その入口に黒い犬が寝そべっていた。李君の知人の家だが、犬が立ち上って「ウー、ウー」とうなるので、中に入ることができない。

李君は私をこの家に案内したのだが、犬がこわくて入ろうとせず、行きかけた時、中から老婆が出てきた。彼女は李君に話しかけながら、棒で犬を叩いて追いやってくれた。

前歯のない口を遠慮することなく開き、目を細めて笑う彼女の声は大きい。少女がそのまま老人になったように明るく、ひょうきんな彼女は、まるで遠来の友を迎えるように笑い、中に入るようにすすめる。

中庭があり、左右に家があった。左の方は家畜用で、右側の方に壁の高い二階建ての住居がある。その入口には、赤紙に文字を書いた紙札が数枚貼ってある。これは一種の護符で、病気封じや魔除けのためだ。

中に入ると、土間に老人が一人、わら製の円筒型の椅子に座っていた。窓が一つしかないので、薄暗くてよく見えないが、土間には柱が一本ある

夕方、畑で刈り取った麦を運んで戻った女性たち

だけで、広々としている。

老人は私にわら椅子をすすめてくれた。小さな木の椅子もあったので、それに座ろうとしたら、稲わらの方に座れという。木よりもわら椅子の方がお客用であるらしい。

彼はプー・ブンツンという名前で、この家の主人。六八歳だそうだが、年齢よりも若く見える。いつも楽しそうに笑顔をふりまいている女性は、彼の妻リ・ナインさんで、六四歳。少々腰がまがりかけているが、大変若々しい雰囲気の持主で、社交的な性格だ。

稲わらと竹の文化

土間にむしろが敷いてあり、脱穀した麦が広げてある。そのプズホと呼ばれるむしろを見ると、日本のむしろと同じで、稲わらを織ったものだった。畳こそないが、日本にある稲わら文化はたいていある。

稲わら製の袋やふごに類似した道具もあったが、目につく道具で最も多いのは、竹製のもの。日本にある竹製の日常生活に必要な道具は全部あるといっても過言ではない。家の

プー・ブンツンさん（68）と妻のリ・ナインさん（64）

リさんが料理する台所にはワラ製と木製の椅子があった。

中でどちらを向いても竹の道具が目に入る。竹かごは十数種類もあり、米や麦、粟などの穀類の、実と殻や塵などを分け除くために使う代表的な農具の箕《み》もある。

竹製の道具は日常生活に欠くことのできないものであるばかりか、筍《たけのこ》を食べ、竹製品を身につけ、竹で家を作り、竹を燃して明かりをとり、そのすすで歯を染めたり、いれずみ用に使ったりもする。

私が、いろいろな道具類の名称を尋ねたり、撮影していると、奥さんが、刃物を持ってきて庭に置き、撮影を促した。

「ミト、ミト」

撮影が終わると、前歯のない聞き取りにくい発音で、二回繰り返して名称を教えてくれた。ミトは、日本でも四国・九州地方にある鎌の一種で、高知県の私の故郷では柄鎌《えがま》と呼び、木の枝を切る道具である。私は、このミトを五棵村と日本でしか見たことがない。

もう一つ、ジダと呼ばれる草や穀類を刈る鎌は、類似したものをいろいろな地方でよく見かける。しかし、この村のジダほど日本の稲刈り用の鎌の形に似たものを見たことはなかった。ハツと呼ばれる斧も日本の物と全く同じ。これらの道具の柄《え》はいずれも木製。東南アジアの低地では、これらの柄は竹製の場合が多かった。

◀木製の柄がついた刃物。"ハツ（斧）"は、日本の物とほぼ同じ。

台所の壁に掛けられていた料理用の刃物。竹籠には茶碗がふせてあった。

リ・ナインさんが作ってくれた昼食と飯櫃

▲サニ族のうどんとその具の肉・野菜・トウガラシ・ネギなど

◀先端がくるくる回る棒で叩いて、麦を脱穀する。

サニ族の昼食

リさんの家で昼食をとった。まず、木製の食台を土間の入口近く、明るい所に置いた。次にだしてくれたのはどんぶりに入った漬物だったが、トウガラシの赤い粉がふりかけてあった。

「ラチー、ラチー」

木の芽の漬物を指先でつまんで見せると、リさんはラチーと答えた。漢字を書いてもらったら「椿」だった。ラチは椿の新芽の漬物である。口に入れてみると少し酸味がある。これは椿ではなく、茶の木の若葉の漬物だ。ミャンマー北東部でラペと呼ばれる茶の木の新芽の漬物と同類のものだ。

小さな鉢に入ったものは塩辛納豆の古いようなもので、日本の味噌のような色をしている。食べてみると薄い塩味があり、味噌と納豆をかけて二で割ったようなもので、飯につけて食べる。現地語でリフジーと呼ばれるものは、日本語で味噌と表現した方がわかりやすい。またリフジーと一緒にだされたものは、豆腐のみそ漬けで、大変塩辛い。これは、リフジーとトウガラシと塩をまぜたものの中に豆腐を入れて漬けるのだそうで、ラチーと同じく、一種の発酵性の漬物と説明した方が理解しやすいだろう。

リさんは何でも積極的に教えてくれ、ツーブと呼ばれるどぶろくや、ズーという焼酎までサービスしてくれた。

彼女が飯櫃の麦わら製のふたを取ると、湯気が湧きあがるように昇った。白い米飯の上に黄色のトウモロコシ飯があり、おかずの入った二つの鉢があった。一つの鉢は肉と青ネギを炒めたもので、もう一つはトウガラシをつぶして油で練ったもの。大変辛い。温かい飯と一緒に飯櫃の中に入っていたので温かい。リさんは、茶碗に白い米飯と黄色のトウモロコシ飯をよそってくれた。量は米飯が多く、黄色は添え物としていれてあった。

ジャガイモの煮物もあったが、おかずの味付けはすべてトウガラシで、塩をあまり使っていない。この味付けは日本と異なって、東南アジアからインドの方に類似している。日本ではたいてい塩が基本調味料だが、雲南高地は塩が十分ではなかったのか、トウガラシが基本的な調味料だ。

　リさんはよく話すが、夫のプーさんは笑って見ているだけ、まるで母系社会のような夫婦。サニの言葉で夫のことをザズ、妻をアマヌという。男はザルで女はアマヌだから、妻と女は同じ表現であり、結婚しても女の立場は変わらないし、苗字も変わらない。

刺繍する女たち

　午後五時半頃になると、村人が帰って来始め、それまでいなかった水牛や牛・ヤギなどの群が追われながらもどってきた。村の女たち二〇名ほどが、麦の束を背負って、共同収納庫に次々入る。

　村人がもどり、家畜が多くなると、大変騒がしくなり、人の声にまじって聞こえてくる犬や豚の鳴き声が耳に刺激的だった。夕餉《ゆうげ》の仕度が始まり、村に煙がたなびいた。野良仕事からもどって家の前の道端に座って雑談している女性たちは、手をやすめることなく刺繍をしている。近づいて撮影しようとすると、くるりと向きを変えてしまう。はにかみ屋の女たちは、てれ笑いをしてなかなか撮らしてくれない。しばらく傍に座り、顔を見知ってやっと数枚撮影できた。

　リさんもサニ族の女に違わず、寸暇を惜しんで刺繍をしていた。幾何学模様と花模様の色彩豊かな美しい刺繍のある布二枚を買い求めた。彼女は喜びを満面に、言葉が通じないことなど気にもせず、感謝の意を何度も繰り返した。

▲カラフルな幾何学模様

▲サニ族の女性がよく使う、刺繍された小物入れ
◀女性はいつも帽子を被り、暇さえあれば刺繍をしている。

雲南タイ族の正月料理

西暦一九八〇年四月は、中国雲南省シーサンパンナのタイ族暦では、一三四二年六月となり、タイ族にとっては正月にあたる月である。これは、景洪地方に移住したタイ族の建国を基準とした年代である。

タイ族の新年の朝

私は、タイ族の正月の早朝、古代から変わることのない紅い陽の玉が東の山から昇るのを、パパイアの樹の間に見た。新しい年の最初の朝、眠りからさめたばかりの景洪の谷は、朝靄の中の静かな時の流れに人の気配さえなかった。

しかし、やがていつもと変わりなく、人々が言葉を交わし、忙しく歩き回る時刻がやってきた。

日本では冠婚葬祭の「ハレ」の日には特別な料理を食べる風習があるが、タイ族の正月料理はどのようなものがあるのだろうか。期待に胸はずませ、七時半に食堂へ入った。円いテーブルには、タイ族の正月料理

◀ランツアン川の竜船競漕に参加した竜船の長さは約20メートル

▼竜船競漕の後、川辺を勇ましく歩く女性の漕ぎ手

元日の朝、東の山からパパイアの樹の間に太陽が昇った。

と思われるものが、いっぱい並べられ、案内人のタオさんが笑いながら迎えてくれた。

「今日はタイ族の新年ですから、皆さんに特別なタイ料理を食べていただきたく準備いたしました。お口に合えばよろしいのですが……」

　タオさんはいつものように笑顔をふりまき、いろいろと食べ方を指導しては、うまくいかないと「オホホホ」と声高く笑った。

正月料理

　粥が二種類あった。一つは普通の白粥だが、もう一つは紫色の粥で、何の粥なのかわからない。味も舌触りも白粥と違っている。豆でも、ソバでも、ハトムギでもない。ヒマラヤ南麓で食べた赤米でもない。
　タオさんも説明しきれなかったので、通訳の呉さんに頼んで、粥の材料を料理人に確かめてもらった。
「紫米だそうです」
　彼は、現物を茶碗に入れて持ってきた。私はまだ紫米を見たことがなかった。やや丸みのあるジャポニカ型の紫色の米粒をかみ砕いてみると、中は白い。表面が濃紫色なので、精米しても色が少々残っている。粥にするとその色が出るので、薄紫色に見える。
　皿にカオトンと呼ばれる、芭蕉の葉で巻いた粽《ちまき》があった。米の粉ではなく、糯米《もちごめ》を小米にし、練ったものを包んで蒸している。味はかしわ餅と変わりない。
　私は、糯米料理の名前を一つずつ確かめた。
　ハロソ＝糯米、落花生、胡麻などをよくまぜて蒸したもの
　カウオク＝糯米に塩をまぜて蒸したもの
　ハウルン＝元日にしか食べない糯米の黄飯
　ハオガム＝赤米のおこわ
　めでたい「ハレ」の日に赤飯を食べるのは日本でも同じだが、黄飯を食べる理由がわからなかった。タオさんも知らなかった。日本でも静岡県の浜松の方では、クチナシの実で色づけした黄飯を食べるそうだが、その理由も判明していない。
　生竹の筒の中に糯米を入れて焼いたバンホラや、米綫《ミーセン》と呼ばれるきしめんのようなビーフンと野菜を炒め

芭蕉の葉で巻いた粽“カオトン”

糯米・落花生・胡麻を混ぜ、よくこねて蒸した“ハロソ”

バナナの葉に盛られた赤米の赤飯

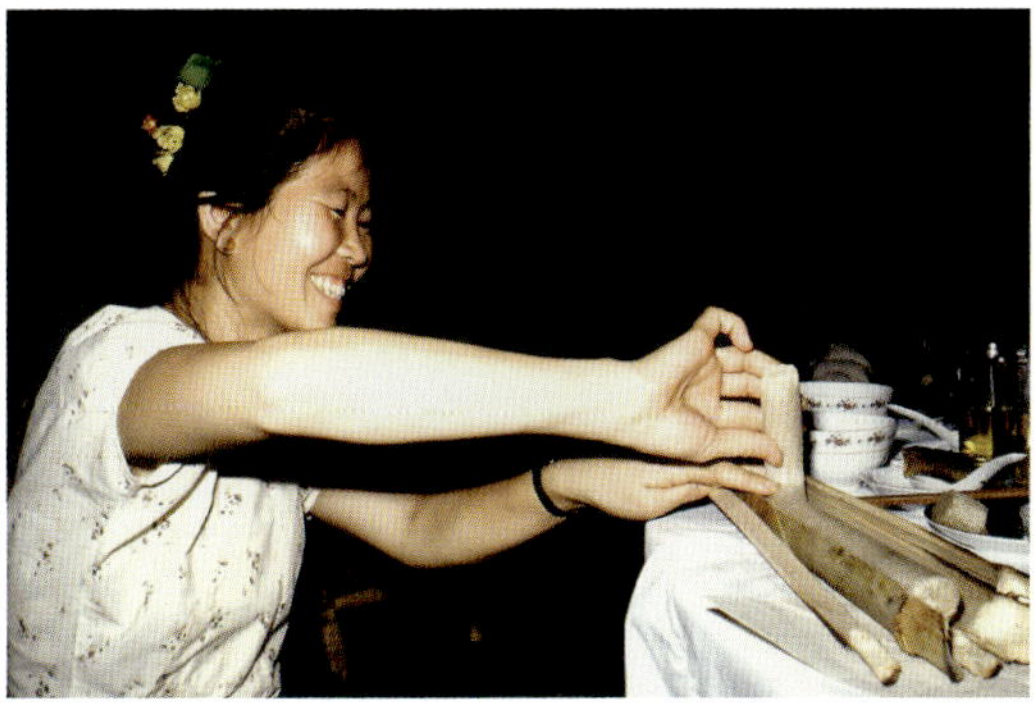

生竹の筒に糯米を入れて焼いた“バンホラ”を取り出す。

きしめんのようなビーフンと野菜を炒めた料理

ケーン（竹の一種）で作られた籠に盛られた正月用の食物

正月料理に付き物のバナナ・パパイア・スイカ・マッコラなどの果物

たものは日本にはない。しかし、全体的には、日本にある類似の食物が多い。

糯は、日本でモチ肌などと表現されるようなよくついた餅ではなく、まだ米粒が少々残っているような、つき残しの多い餅である。

漢民族は一般的にねばりのないパラパラした飯を好むが、タイ族はねばりのある糯米を好む。日本人もタイ族と同様にねばりのあるジャポニカの米を栽培している。

タイ族の一献

私は村の様子を見たくて、カメラ一台を肩にかけて歩いた。男たちはどこかの家に集まって酒でも飲んでいるのだろうか。ほとんど見かけない。着飾った娘《プサオ》や婦人《メラン》たちが多い。習慣なのか、女は家の前を私が通りかかると、『スザオリ（今日は）』と笑顔で声をかけてくれた。

歩いていると、ある家の前で三〇歳くらいの美しい婦人に呼びかけら

水かけ祭りの始まる前のひととき

れ、家の中に入れというので、高床の木の階段を上った。家の中には誰もいなかった。木の食台に、正月用の糯米料理やバナナ、スイカ、マッコラなどの果物が置いてあった。彼女は親しげに微笑みながら、茶碗に入った焼酎をすすめる。恐れや疑いのない表情で、米の焼酎をふるまってくれ、果物を手渡してくれた。

「トハ・モープー・カムタイ」

私は、タイ語を知りませんといったが、彼女はそんなことはどうでもいいといわんばかりに、まるで肉親のようにふるまって笑う。

日本でも昔から「ハレ」の日に酒はつきものであった。神事には巫女《みこ》が必ず勧盃《けんぱい》する習慣は今も続いている。昨日の竜船祭では、若い女性が勝者に米の焼酎を注いでやっていた。日本では、神前で杯を差し出して酒をすすめることを勧盃といい、全員に一巡することを一献《いっこん》といったが、今では一献は個人的にも使われる小酒宴やふるまいを意味する。

私はタイ族の女性の一献に、まるで正月を二、三度同時に迎えたような気分になった。

道行く人々に、たらいで水をかける少女たち

水かけ祭り

彼女にお礼を述べて外に出た。村の広場では一〇〇人ほどの若い男女が鼓を叩きながら踊っていた。彼らはこれから町に行って、水かけ祭りに参加するのだそうだ。水かけは午前一〇時半から午後六時までとされている。水をかけられると一年間の厄払いができる。そう信じているので、人々は競って水をかけ合う。

私は一一時過ぎに、全身びしょぬれで招待所にもどった。初めてのことで、どの程度に水をかけられるのか知らなかったし、気にもしていなかったのだが、カメラなどにも、無頓着に水をあびせかけるのには驚かされた。

雲南諸民族の踊り

正月の三が日は「溌水《はっすい》節」と呼ばれるお祭りで、景洪の町には州内のいろいろな所から人が集まり、ニッパヤシの広い並木道が約五万人の人で埋まった。元日の正午前から、シーサンパンナの少数民族が、民族衣装を着飾って、グループごとに集まり、歌い踊るので、身動きできないほどのにぎわいだった。

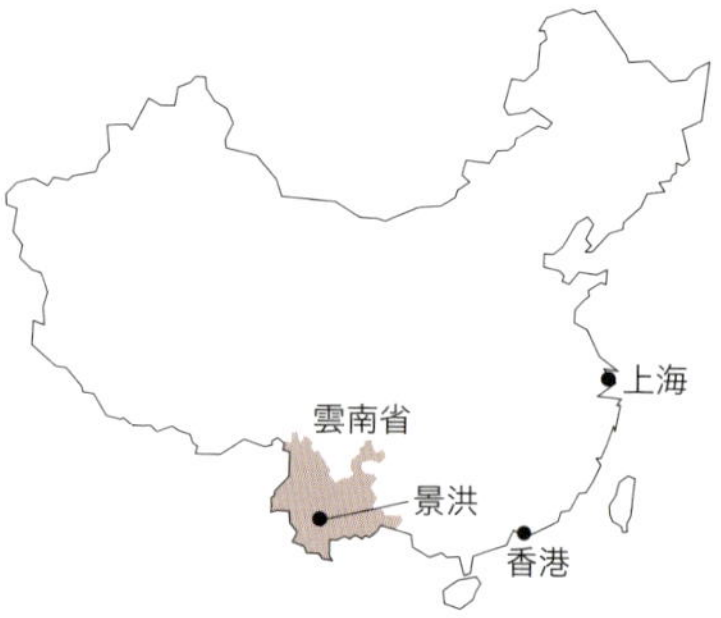

中国の中のタイ

私は、タオさんの案内で踊りを見に行った。彼女は漢語を話すが、タイ族の多くの人はタイ語しか話せない。昆明から同行してくれている通訳の呉さんは、景洪訪問は初めてとのことで、言葉は通じないし、大混雑と耳なれない歌や打楽器の音、見なれない踊りなので、「まるで外国だ」と興奮している。

　町の中央の景洪百貨店前の十字路が、ロータリーになっている。ここから四方へ広い並木道が走っているのだが、東側と北側は人で埋まっ

◀丸太をくり抜いた張り太鼓を叩き、掛け声高く踊るジノー族の男女

▶ミャンマーとの国境地域に住むワ族の踊り

ている。西側はそれほどでもないが、自由市場が開かれている南の方にも人が多い。

　私はいつの間にか呉さんとはぐれてしまい、タオさんと二人になっていた。彼女とは言葉がよく通じないので、少数民族名を正確に聞き書きするのに大変苦労した。

ジノー族

　最も活発で、豪快に歌い踊るのはジノー族だった。ジノーは、一九五四年にその存在が知られ一九七九年、私が訪れる一年前に中国で五五番目の少数民族として中央政府から認定された。ジノー族はわずか一万人ほどで、山岳農耕民であり、お茶を栽培している。景洪から二〇キロくらいの場所にある彼らの村には、樹齢千年を超える茶の木があるといわれていたが、見る機会はなかった。村には「若者宿」があり、かつては自由恋愛で女性が妊娠してから夫を指名する風習があったという。

　ジノー族の男たちは、直径六〇センチほどの丸太をくり抜いて作った張り太鼓を力強く叩き、銅鑼《どら》を打ち

掛け声を張り上げるジノー族の女たち

元気よく踊るジノー族の娘たち

鳴らし、シンバルを打ち合わせて、掛け声をかける。そして男女ともに足を踏み出し、両手を交互に突きあ上げながら、張り切って踊る。

ヨー、ソレソレソレソレ……
ソーレ、ソレソレソレ……
ヨーヨ、
ヨーホイ、ソーイソイ……

日本的なこんな掛け声があり、耳に大変なじみやすかった。

チベット・ビルマ語族系といわれるジノー族の女性は、白い厚手の麻布で先のとがった三角状の頭布を被り、黒地に赤や白色の縞模様の入った、衿なしで前あわせの上着と、薄布の肌着を着、下はすねまでの藍《あい》や黒色の、綿や麻の布で作った前あわせの短いスカートをはいている。装飾品は少なく、黒と赤と白の対照的な配色なので、やや男っぽく見える。男たちは頭に黒い布を巻き、白い麻布に線を織り込んだ上着と黒色のズボンをはいていた。

ハニ族

次によく目についたのはハニ族。ハニ族の男は勤勉で勇敢だといわれ、女性は働き者で銀飾りを好むといわれている。彼らは水稲と茶を栽培している。

ハニ族の娘たちは、上も下もすべて藍か黒色。そのため、銀製の白い首輪や胸飾りが大変印象的だ。頭には花をさし、髪を赤いひもで結んでいる。上着は衿なしで、下は短いスカート。脚絆《きゃはん》には美しい模様が刺繍されている。男も藍か黒色の上着とズボンなので、夜は色が周囲になじんで見えなくなる。

彼らの歌は胡弓のような弦楽器を

伸びやかに踊るハニ族の娘たち

弾きながら、男と女が交互に合唱する。女性はソプラノで、すき通った声が、谷間を渡る風のように流れる。

ハニの娘たちの踊りは、ジノー族の娘たちと比べ、やや動きが小さく、ゆったりしていた。

タイ族

ハニ族よりもはるかにゆるやかに、優美な踊りをするのがタイ族の娘たち。

タイ族は仮装してもいた。チョウチョウの仮装は、島根県津和野の鷺《さぎ》舞《まい》に似た、ゆっくりした踊りだった。

▶ミャンマーとの国境地域の山間に住むチンポー族の娘たち

▼男と女が交互に合唱しながら踊るハニ族の娘たち

水の神である龍の仮装は、色彩豊かに着色されていた。踊り方は日本の獅子舞に似ていたが、娘たちとたわむれる様子は、神様の庶民性を象徴しているようで、大変面白かった。

男たちは象脚鼓《ぞうきゃくこ》と呼ばれる、象の足のような、細長い筒状の太鼓を打ち鳴らして、左右に身体をひねりながら踊る。

娘たちは両手をゆるやかに上げたり下げたり、回したりして、大変東洋的な優雅な身振りで、日本舞踊に似た仕種《しぐさ》だ。

他にワ族やプーラン族・チンポー族の踊りを見た。ランツァン川流域

にこやかに踊るプーラン族の娘

両手をゆるやかに上げ下げして優雅に踊るタイ族の娘

青年が叩く象脚鼓に合わせて踊るタイ族の娘たち

▼蝶々に仮装してゆっくり踊るタイ族の少女たち

に住むプーラン族は茶造りの名人ともいわれ、人口は五万二千人。男にはいれずみの習慣があった。古い歴史を持つ民族だが、タイ族に感化されているので、女性の服装はほとんどタイ族と見わけがつかなくなっている。

日本の踊りとの共通点

野外での踊りを見終ってふと気づいたことだが、踊りに二つの型があった。それは、ジノー、ワ、プーラン、チンポー、サニ・ラフ族などのように、大変活発で動きが激しく、跳んだり跳ねたりする踊りの型と、タイやハニ族のように、動きが小さく、ゆったりと優雅に踊る型だ。

日本舞踊は庶民的な踊りではないが、盆踊りは庶民の踊りで、動きが大きく活発だ。それからすると、タイ族の踊りは日本舞踊に通ずるものがあり、ジノー族の踊りは盆踊り的である。ということは、タイ族の娘の踊りは他人に見せることを意識し、ジノー族の踊りは、自分が主人公になって楽しむ踊りであったものと思われる。

活発に手を振り足を弾ませて踊るサニ族の娘たち

▲軽やかに踊るラフ族の娘たち

山岳地帯に住むプーラン族の娘たちの活発な踊り

成都駅前にある、漢方原料の“荷花池市場”の入り口

漢方薬の市場

漢方薬の本場ともいわれる成都の市場は、駅前の三環路にあった。漢方薬の原料市場としては世界一といわれるだけに、周囲を高い壁に囲まれた一万坪ほどの広さである。中には、長さ七、八〇メートルの兵舎のような、壁のない建物がたくさん並んでいる。その建物の両側に店があり、数百種もの原料を所狭しと並べている。麻やビニールの大きな袋に入った原料や、台の上に並べたり、天井から吊り下げた原料には名称や値段がついている。

成都の薬の市場

木瓜《ムーコウ》（かりんの実）や金銀花《チンギンホウ》（すいかずら）、大黄《ターホアン》（大黄の根）が解熱に、目母《ハイモー》（あみがさゆりの根）や半夏《ハンカ》（からすびしゃくの根）、五味子《ウーウエイツー》（朝鮮ごみしの実）がせきどめに、麦門冬《マイメント》（じゃのひげの根）や天門冬《テンメントン》（草すぎかつらの根）、枸杞子《コウチーツー》（くこの実）が滋養・強壮に効くと説明されても、漢方に詳しくない私にはなかなか理解できなかった。

直立して泳ぐ小さな海の魚“タツノオトシゴ”の乾物

いろいろな動物の骨の中でも、熊骨は鎮痛効果があるそうだ。

有機物はすべて薬

市場を見ているうちに、なんとなく漢方薬が日常的なものであるように思えるようになった。漢方薬は一般的には草根・木皮のように思われがちだが、ここでは、草木の花や実、皮、根、そして、動物の筋肉や骨、爬虫類や昆虫、魚類、海草類、大型菌類など、一見奇怪な型や色のものまである。しかし、よく見ていると、たいてい見たことのある生物の乾物である。

現代の化学と西洋医学による〝薬剤〟になれている私は、こんなものに薬効があるとは信じ難いのだが、曾さんの通訳で、半日も現場で説明されているうちに、食物はすべて〝薬〟なのではないかと思うようになった。売っている人々は誰も薬効の化学的な説明をしてくれなかっ

動物の骨や筋肉・角等がズラリと吊してある。

漢方料理には、燕の巣や夏虫・アヒル・梨等のスープ・高麗人参や万頭もある。

冬虫夏草の子実と寄生虫の幼虫である“夏虫”の効用は強壮。

たが、人間にとって必要なものであることだけは確信のもとに教えてくれた。

古代、中国では無機物のヒ素や水銀、金、銀などが不老長寿の秘薬として用いられたことがあった。しかし、これらは体内に消化吸収されにくく、有害であった。

漢方薬は三千年も昔からすべて有機物である。無機物的な今日の〝薬剤〟よりも薬効があるのかもしれない。現代的な医学や薬学・栄養学に洗脳されていた私は、伝統的な東洋医学の論理に、健康管理に対する目のうろこが落ちた思いがした。

にぎやかな食料市場

成都で最も活気があり、昔ながらの食堂街である青石橋街を訪れた。ここには個人経営の店が多く、街頭は食料の自由市場となっていた。

街頭市場には、新鮮な野菜や果物、穀類、麺類、肉、魚、鳥類、発酵食品の漬物、もろみ、酒などが所狭しと並べられている。その数の多さとにぎやかさこそが、古都成都が何千年間も繁栄してきた活力の原点なの

成都の人たちは、豆花（タンタン腐）が好物である。

トカゲの乾物は、滋養強壮の効用があるそうだ。

である。

成都には色白の美人が多いといわれている。それはうまい水と米があり、食料が豊かであることと、一年の大半がうす雲に覆われ、陽差しがやわらかいからだという。若い女性の多くは、長い黒髪をなびかせている。

市場は若い女性が多く、色とりどりの新鮮な野菜や果物も多いので、すべてが華やいで見える。しかし、皮をはいだままの犬やうさぎなどがあり、舌を出した羊や豚の頭があったり、ヘビや鼠、ムカデ、トカゲなどもあるので驚かされることもある。

この自由市場にも乾物が売られていた。生鮮の生姜は調味料だが、乾物の〝干姜〟は解毒に効果がある。毒のない黄と黒色の縞ヘビはスープの出汁にするが、乾物は痛み止め。牛腱は牛肉の一部だが、乾物は精力・活力がつくという。

担子菌類の一種〝茯苓（ぶくりょう）〟は利尿の効用あり。

人間にとっての食料と薬

中国最古の薬物書『神農本草経』

には、食物と薬が一緒に収録されている。また明代の李時珍の薬物書『本草綱目』には、食物と薬は同じものだと考えられ、食事による治療が重視されている。このように、中国には昔から〝薬食同源〟の思想があって、食物によって健康を保持し、治療するという伝統的な医学、すなわち漢方がある。

「病気の治療はまず食事で治すこと。食事で治らなければ薬を用いること」

中国には紀元前五世紀頃からこんな考え方があるそうで、今でも中医師から処方箋をもらい、それを食堂にもって行くことがあるという。事実、私が成都で食べた漢方料理は、同仁堂という漢方薬の店の食堂であった。

自然の一部である人間は、自然環境に順応しながら生きる動物なので、食物も季節によって変化するのが普通である。しかし、一年中同じように活動しながら生活するので、外的、または内的要因によって細胞に異常が発生することがある。その異常な細胞に特別な栄養を与えたり、刺激を与える食物が必要なのだが、必要に応じて、いつでも、どこでも食べられるわけではない。そこで、人間は内的要因で、秋になって春の植物が要求される時、必要に応じて特定の有機物を口にする手段として、乾物という保存の知恵を持った。

このように考えると、自然の季節に順じて食べられる旬のものが食料で、季節や場所にかかわらず、内的要求の必要に応じて口にするものが薬なのである。

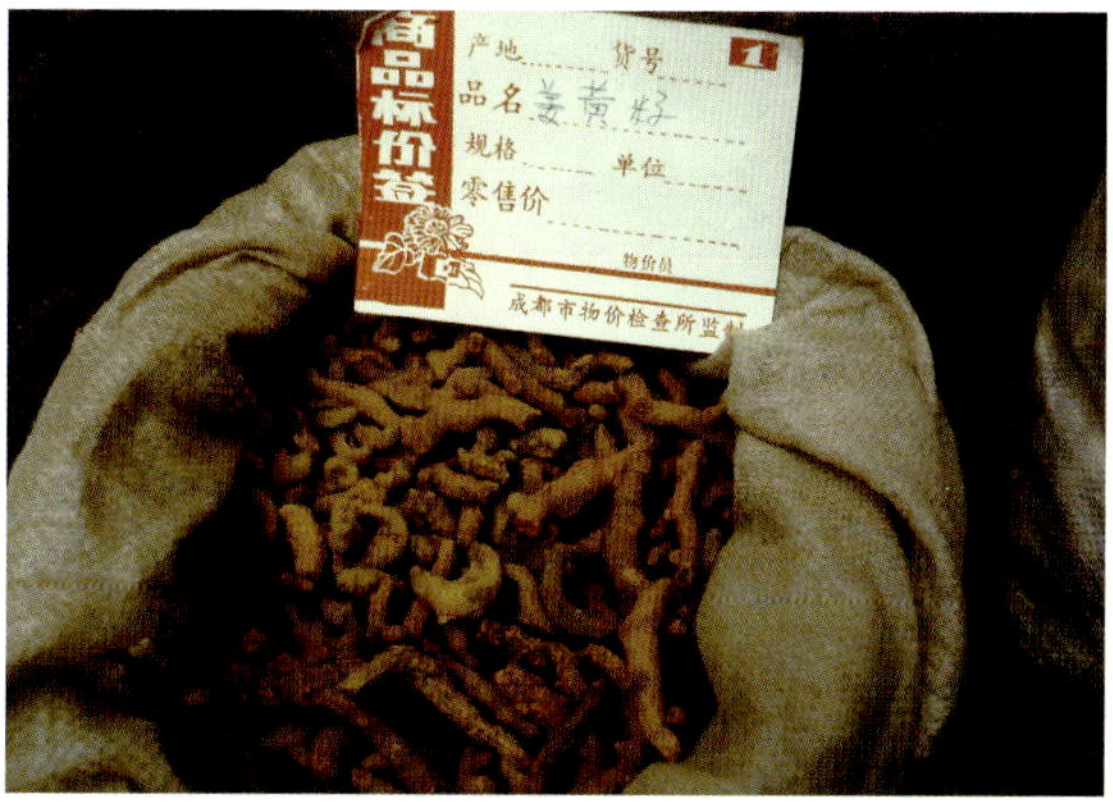

ウコンの根“姜黄籽”の効用は、健胃・利尿・鎮静。

▲紅花の効用は、腹痛や月経不順。

アミガサユリの鱗茎“貝母”の効用は、去痰や排膿。

▶キハダの樹皮“黄柏”の効用は、腹痛や下痢・胃腸炎。

ハスの実の胚芽“蓮芯”の効用は、利尿・鎮静・降圧。

中国大陸縦断八千キロメートルの旅

戦中の昭和一八年から二年の間、内蒙古を出発して寧夏、甘粛、青海を経てチベットまで、中国西域を単独潜行した西川一三さんの足跡をたどる、二カ月間の八千キロメートルに及ぶ自動車旅行は、長く厳しかったが、驚きと発見の多い旅であった。

蒙古の大草原へ

七月初め、ＴＢＳの東條毅さんから電話があり、その四日後に、北村皆雄さんと一緒にやってきた。彼らは、私の著書『アジア大踏査行』を読み、二カ月間の中国西域縦断の取材旅行に、レポーターとして参加するよう誘いに訪れたのである。

一九八七年の一一月下旬に青少年教育活動二〇周年のお祝いをしてもらい、一九八八年は何か新しいことを始めようと思っていた。しかし、その年は三月に母を交通事故で亡くし、心に大きな空洞ができていた。

一九七一年以来、中央アジア以東

中国最大の国営採塩場のあるジランタイの塩湖

の諸民族の生活文化を調べ、日本の人と文化の源流を求める踏査旅行を続けていたので、その一連の旅であり、新たな冒険を始めようとの思いに、同行することにした。

一九八八年八月九日、日本を出発して北京に着いた。日本人は北村隊長以下八名。途中、東條さんが参加。中国側は北京からランドクルーザー三台の運転手と通訳兼案内人一人。そして、各地方で車一台に通訳と連絡員が加わるので、常に車は四台、隊員は一五名の探検隊である。

八月一二日、内蒙古のフフホトから北に向かって走り、大廟を経て西へ、道なき草原を走った。そして、四五年前、蒙古人のラマ僧に扮した西川一三さんが出発したという、チベット仏教の寺、〝サッチン廟〟を捜した。しかし、当時五、六十名の僧がいたという寺はどこにもなかった。その寺の所在地を知っていたモンゴル人に案内されたのは、草原が水のない川に傾斜している所だった。一九六六年から始まった文化大革命中に寺は破壊され、石材などは牧民たちが持ち去って、わずかな盛り土があり、何か建造物があったらしい

内蒙古アラシャン地方の砂丘

ことがうかがえる程度である。どのように想像しても、この地に大きな寺院があったとは信じ難く、ただ無人の草地があるのみだった。

そこからさらに西へ向かう。三六〇度見渡せる大草原はまるで海と同じだ。大地は一般的に起伏のあるものだが、このあたりは真っ平らで、羊を追う牧民すらいない。美しく、素晴らしい大地に思えた草原を走っているうちに、北京育ちの運転手が方向を失ってしまった。

身を隠すことのできない、目標とする物のない広さは、生活するためには狭さに通じるものであり、不便なものであることが痛切に感じられた。すると、真っ平らな大地は地の果ての鉄板のように思える。やがて、ガソリンが少なくなると、草原が悪魔の住み家であり、谷間の底のようであり、方向のない世界のような不安な時が、イナゴの大群のように迫ってくる。

偶然であったが、大草原の中で、今は機能していない人民公社のあった小さな村に行き当たり、住民たちがいやがるのを強引に、高い金を払ってガソリンを買い求め、やっとのことで百霊廟の町にたどり着いた。

砂と乾燥の世界

内蒙古西南部のアラシャン地方は砂漠地帯である。大地は赤褐色や灰褐色で、小さな砂に覆われ、強い風が吹くと、一夜で路上に五階建てくらいのビルと同じ大きさの砂丘ができて道を塞いでしまう。

アラシャンからテングリ砂漠を抜けて西へ向かう道は、砂に埋もれて通れなかった。仕方なく、寧夏省の銀川に出た。この地方は、かつての西夏王国の中心地で、歴代の王の古墳群が、大きな蟻塚のように乾いた大地に林立している。

銀川から黄河沿いに西南に向かった。驚いたことに、漢民族文化の母ともいわれる黄河は砂漠の中を流れていた。河から一キロも離れていないのに、乾いた砂の世界が続いている。

人々は河沿いにわずかな緑地帯を作り、そこに土の家を建て、水田を作って稲を栽培し、ロバや牛、豚などと共に暮らしている。衛生とか、健康とか、豊かさや文明などは気にしていないかのように、何でも食べ、何でも身につけ、素朴に逞しく生きている。理屈ではなく、道理にかなった生きざまである。まるで、空中の綱を渡りながらさまざまな物を取り出して見せる魔術師のように、水と砂の境に、巧みに生きている。たとえ洪水になっても、砂嵐になっても、決して綱から足を踏みはずして落ちるようなことはない。

水を征する者は天下を征するといわれ、彼らは昔から水には果敢に挑んできたが、逆らうことのできなかった砂漠にも、今、挑戦し始めた。それは、麦や稲わらを一メートル四方に敷きつめ、砂の流れと乾きを防いで、緑地化しようとしている。

日中の気温は直射日光の下で摂氏四九度、日陰でも三九度もある砂の世界は、風によって生物のように姿を変え、波を打つ。そこには人を喰う魔物が住んでいる。

夜は一〇度以下にも冷え込み、風が吹けば、砂がすすり泣く金属的な音が走り、天上にまき散らした大きな星くずが落ちてくるような驚きに、そのまま埋まってしまう。

砂漠は地球の〝死に体〟なのかもしれない。しかし、人々は、それを蘇らせようと、今盛んにわらを砂に埋めている。

青海高原

黄河沿いの乾燥地帯を走り、蘭州を通って青海省に入ると、大地は急に高くなる。省都の西寧は標高二三〇〇メートルくらいだが、省の平均標高は、琵琶湖の六倍もある青海湖の高さで、三二〇〇メートルだといわれている。

青海高原に住むチベット系の牧民たちは、高地にしかいないヤクを家畜として生活している。ヤクの毛でテント地を織り、敷物や衣類を作り、その乳製品と肉を食べ、乾燥した糞を燃料としている。また青稞《チンコウ》と呼ばれる高地に適した麦の粉であるツアンパをお茶で練っても食べる。

ツァイダム盆地の中央部の南端に標高一七〇〇メートルのゴルム市がある。ここから南に向かうと昆侖山脈を越えて、四千メートル以上の高原に入る。ゴルム市は摂氏二三度くらいで半袖シャツなのだが、わずか五時間南に走ると、標高四四〇〇メートルの高地で雪が降っていた。夜は零下一〇度にもなり、すべての

モンゴル族がゲルの中で一家そろって食べる肉うどん

文化大革命中に跡形もなく破壊しつくされたバロン廟跡

アラシャンの町にある延福寺の入り口

オーラン山中の岩肌に彫られた磨崖仏

物が凍結する。この急激な変化には驚かされた。何より、夜は寒くて熟睡できず、防寒着を身につけ、午後八時から、翌朝八時まで寝袋の中で、冬眠中の熊のようにじっとしているだけであった。

この高地でもう一つ困ったことがあった。北麗河沿いの地域には大小の湖が多かった。きれいな水の湖畔にテントを張ったところ、塩水湖であった。どの湖もだめで、真水を探すのに大変苦労した。それにしても、こんな高地の湖のような溜まり水が塩水であるとは不思議だ。

一九七六年に揚子江（長江）の源流であるとわかったトウトウ川に橋があった。そこには〝長江源流第一橋〟と記されていた。

二〇キロの行軍

この橋から一日走ると、チベットへ向かう途中で最も高く、難所として有名な標高五二三一メートルのタンラ峠がある。この峠を四八〇〇メートルのテーラマズという村から、ヤクと共に二日間で歩いて越すことになっていた。その準備中、この村で日本人隊員が一人高山病になり、軍隊から酸素ボンベを買い、車でゴルム市まで送った。

　私は、ヤク二〇頭を連れた現地人四人と道のない山を登った。この地で生まれ育った彼らの歩きは早く、ついて行くのがやっとだった。その上、雪が降って寒かったが、初日に二〇キロも歩いたので大変疲れた。五千メートルでのキャンプは寒く、夕食もせずに横になったが、疲労と頭痛で一睡もできなかった。

　翌日、九月一九日は朝から吹雪いており、一〇時過ぎに出発した。前日の強行軍で足腰の筋肉が痛み、頭痛がする。防寒用に借りたチベット服は付着した雪の解けた水を吸って八～九キロの重さである。大地は沼地のようにぬかるみ、歩きにくい。ヤクを追って歩く彼らについて行くのが大変な苦行で、心臓が高鳴り、息切れがし、疲労と寒さに必死の思いで歩いた。

　吹雪の中、やっとたどり着いた峠のラツエ（オボ）の側で、思わず「やった！万歳！」と叫んだ。なんだか急に胸が熱くなって涙がこみ上げ、何度も「万歳！」を叫びなが

青海省西寧にある道教の寺院“土楼観”と道士

甘粛省の農民が麦を脱穀し、上空に穀粒をはね上げて風選していた。

両手を思いきり高く上げた。

チベット山岳地帯

タンラの峠を越えてチベットに北から入り、那曲《ナクチュ》を経由してラサに着いた。ラサのある谷は標高三七〇〇メートルくらいであるが、青稞麦や菜種、エンドウ豆、天豆、ジャガイモなどの農産物の豊かな半農半牧の地域である。

チベットの山は、低いようでもすべて標高四千メートル以上。今回の旅では、ラサからさらに西へギャンゼ、シガツエ、サキャーと五〇〇キロ走り、途中、カンバ、カロ、ツオーという三つの高い峠を越した。ヤムドクツオと呼ばれる標高四四四一メートルの世界第三位の高地にある湖や氷河のあるニエンシエカンサの山中も通った。

チベットはどこを向いても山ばかり。その山がどれも岩山で、まず樹が生えていない。わずかにコケや草が生えていることもあるが、月か火星の表面のようで、地球だとは思えない。この高い山の頂上の一つ、ツオー峠（四五〇〇メートル）に、今から二億二五〇〇万年前の腕足類の化石がいくらでもあった。こんな高い所でも、かつては海底であったのだろうか。チベットの人々は、五千メートルの高地でも、ヤクや羊を放牧して生活している。私はチベット滞在中、いつも乾燥と高地のせいで、鼻がつまり、鼻血がよく出て、夜は眠れず、軽い高山病に悩んでいた。人間は、一体どのくらいの高地にまで順応できるのだろうか。

一〇月一二日に帰国したが、自動車で中国大陸を北東から南西へ八千キロ以上も走ったこの旅では、さまざまな自然環境を知り、いろいろな人の生きざまに出会い、多くの生活文化を体験し、多種多様な考え方や信仰心があることを教えられた。

人間はいかなる状況の中でも逞しく生き抜く知恵を持ち、それを文化として永々と子孫に伝え続けてきた。この旅を通じて、生活文化を次の世代に伝えることの重要性を再認識させられた。

岩壁を穿ってつくられた土楼観から西寧を見下ろす。

青海湖畔でヤクを放牧していたチベット族

ヤクの乳をしぼるチベット族の娘

▲標高 5321 メートルのタンラ峠にあるマツイ

ヤクの背に荷物を載せて運ぶ、チベット族の隊商

“パリ”と呼ばれるチベットのパン

チベットの風習

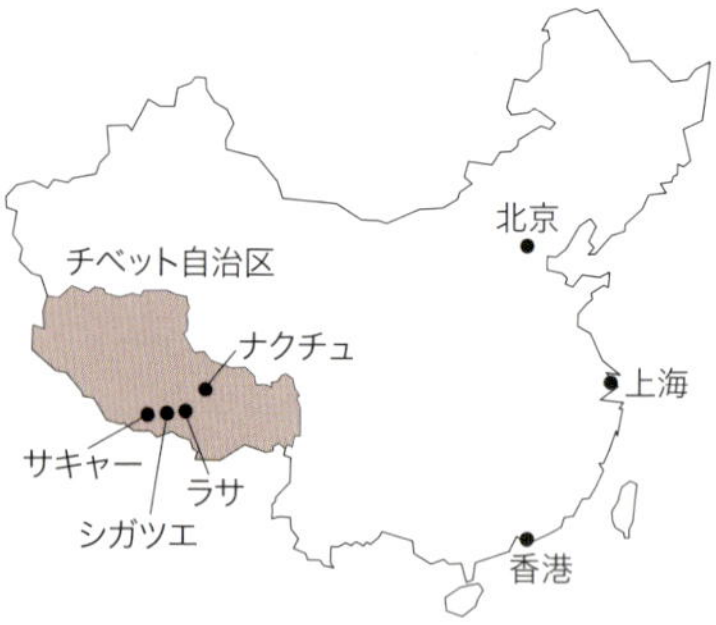

チベット人は
今も熱心なラマ教徒で、
五体投地礼という
チベット特有の礼拝を行い、
また、貧しい大地で
共に生きる最高の知恵として、
鳥たちに死者を
捧げる鳥葬を行う。

◀頭にチャプシューを巻くカンパ族の青年。

▼チヨカン寺屋上から眺めるホダラ宮は、高さ 117 メートル、13 層からなる。

自然と人々

インド亜大陸とユーラシア大陸がぶつかって隆起したのが、世界の屋根と呼ばれるヒマラヤ山脈である。その北側に標高三千メートル以上ものチベット高原が、日本の約三倍もの規模で広がっている。私は一九八六年九月にチベットを訪れた。

チベット高原のほぼ中央部に位置する首都のラサは、標高三六五〇メートルもの高地で、飛行機から降り立つと、少しバランス感覚がくずれ、酔払ったときのように、歩行がやや不安定で、物ごとに対する反応が鈍くなる。しかし、二、三日もすると平常になるので心配はない。

チベットの山々は、低くても四千メートル以上もあり、気温の低さと乾燥で、岩肌がむきだしている。何より、草や樹がほとんど生えていないので、緑が少なく、自然にぬくもりがない。まるで地獄絵を見るような厳しい表情の山々が迫ってくるので、なんとなく身構えてしまう。しかし、わずかに生えた草を求める、野牛のようなヤクが山肌を歩く姿を見かけると、なんともいいようのないやすらぎを覚える。

標高 4500 メートルで羊や山羊を放牧するロッパ族の女性。

チベット高原に住む人々をチベット族またはチベット人というが、カンパ族、ロッパ族、シェルパ族などの部族からなっている。彼らはチベットをプパと呼び、チベット人をペペミーという。

中国のチベット自治区に住むチベット人は一八〇万人ほどいるが、彼らの由来について詳しいことははっきりしていない。しかし、チベット人によると、チベット高原で誕生した民族だという。

ラサ郊外のロブリンカに、第一四世ダライラマが一九五六年に建立した夏宮がある。その壁画にチベット人誕生の物語があると教えてくれたのは、ガイドの王平君である。

〝昔々、ヒマラヤ山中のサンナという所で、猿と女神（観音菩薩）が結婚し、六人の子を産んだ。四人は猿であったが二人は人間だった。その二人の間にできた子がチベット人の祖先である〟

チベットの人々の骨格は日本人とほぼ同じで、子どものお尻には〝シャパ〟と呼ばれる蒙古斑がある。

半農半牧畜の生活

チベットの人半は高地で、人の住めるような自然環境ではない。しかし、山と山の谷底を流れる川沿いには、ところどころに肥沃な平地がある。二〇万もの人々が住むラサは、ラサ川の流域に広がる長さ約一〇〇キロメートル、幅一～三キロメートルにも及ぶ平地にある。また、人口三万の第二の町シガツエは、アッサム平原を経てインド洋にまで続く大河、ヤールツァンポ川とエルツアンポ川の合流する流域に広がる、長さ約八〇キロメートル、幅二～四キロメートルの平地にある。これらの町は、この平地を利用した麦作農業と、

ラサ郊外の麦畑で、チベット特有の青稞麦を刈る農夫

◀麦酒“チャン”を客にすすめる時は、グラスにヤクのバター「マ」をつける。

◀ラサの民家の台所には、かまどの横に水溜め用の真鍮性の大きな器があった。

ラサの橋には、経文を刷り込んだ魔除けの布がたくさん吊してあった。

ヤクや羊、ヤギなどの牧畜業によって、古くから栄えてきた。

チベットの多くの人々は、山麓や荒野のわずかな草をはむ家畜と共に生活する牧畜民であると同時に、わずかな平地を利用して麦やジャガイモを栽培する農耕民でもある。三月頃に種を蒔いて他の所へ移動し、九月頃に戻って収穫するという、典型的な半農半牧業の生活形態でもある。

このようなチベット人の古くからの遊びには、すもう（シュクツエ）や競馬、やぶさめがある。これらは、七世紀に建立されたボダラ宮の壁画に描かれている。

彼らの食生活は、麦と乳製品によるものである。主食のツアンパ（麦こがし、はったい粉）は、青稞《チンコウ》と呼ばれるチベット麦の粉である。保存食として常に口にするのがチョコムと呼ばれるヤクの乾燥チーズ。ちょっとリッチな家庭料理は、モモと呼ばれる肉まんやパリと呼ばれる鏡餅のようなチベットパンである。そして、麦から造るチャンという酒を飲む。ヤクのバターであるマは、大半が寺の灯明に使われる。チベット特有のチャスイマと呼ばれるバター茶は、バターとミルク、そして塩と茶湯をトングムという桶に入れてよくかきまぜたもので、脂肪の多い飲物だが、熱いうちに飲む。葉菜はほとんどなく、ニンジン、タマネギ、カブなどの根菜がある。

ラマ教と五体投地礼

チベットは、地理的、民族的、文化的にもインドと中国の接点にある。しかし、どちらにも属しないチベット独特の風習がある。

チベットには紀元七世紀頃インドから仏教が伝来したが、土俗宗教と合体し、密教色を帯びたラマ教と呼ばれるチベット仏教として発展した。どうしてラマ教と呼ばれるかといえば、仏（サンゲ）法（チュ）僧（ラマ）の三宝のうち、僧であり、兵士でもあるラマを師と仰ぐ集団がラマ

シガツエのタシルンポ寺院での僧たちの朝の勤行

に教えを請い、ラマを大変敬うからだ。その頂点が活仏《いきぼとけ》であるダライラマなのである。

敬虔なラマ教徒は卵や肉、魚を食べなかったが、今では大半の人が食べるという。彼らは今も熱心なラマ教徒で、大蔵経を中に入れた摩尼輪《マニロン》を手にして回しながら、毎日一度は寺を訪れて祈る。しかも、全身を大地に投げだす、五体投地礼というチベット特有の礼拝である。

五体投地礼には二種ある。その一つはキャンチャで、直立から両手を前に突き出し、身を前に投げだし、大地に伏して祈る方法。もう一つは、コムチャで、まず膝をつけてから両手を地につき、身を前に投げだし、地に伏して祈る方法である。

巡礼者や激しい祈りをする人は、大地に身を投げだすキャンチャで、尺取虫のように進んで行くが、一般の人々が寺や自宅で祈るのは、大地に跪くコムチャ。この時、女性はチュバーと呼ばれるワンピースの裾をひもで縛り、乱れないようにして祈る。

礼拝は一日に一〇〇回以上とされているが、急いでいる時や、熱心でない人は三回でやめる。これは三宝に対する最少の礼である。自宅では、チューシム（仏壇）の水を毎朝取り替える時に祈るのだが、寺では決まっていないので、ラサやシガツエのように大きな町では、一日中五体投地礼を見ることができる。しかし、祈っているうちに回数を忘れる。だから、首にかける長い数珠の玉や小石を並べて数える。

チベットでは、生後三カ月になると、両親が寺に連れて行き、ラマに名前をつけてもらう。それ以来、死ぬまで毎日のように寺を訪れては一〇〇回以上も祈る。なぜなら、生前に、礼拝などの善行を積むと、死後再び善人に生まれ変わることができると信じているからだ。彼らが熱心

ラサのチヨカン寺前で五体投地礼をする女性

摩尼輪（マニロン・回転経）を手にしてくるくる回しながら歩く老人

若い僧たちの朝の勤行の後の食事

ラサの八角街を歩くカンパ族の一家

に祈るのは、自分自身のためである。

鳥葬の思想

人間は自然の一部であり、生を受けた者には必ず死がやってくる。人間が自然に戻る葬送の儀式は、いかなる民族にもあり、チベットの鳥葬もその一つ。

世界にはいろいろな葬送がある。土葬、水葬、風葬、火葬、鳥葬、獣葬など。これらの一次葬の後、二次葬や三次葬をする民族もいる。いず

チベットの家庭料理モモ（肉まん）

▲青稞麦を脱穀し、穀粒を風で選別する女性たち

チヨカン寺前の白い香塔

物を背負い駕籠で運ぶシガツエの娘たち

れも人間の知恵がなせる自然回帰への最善の方法なのである。しかし、いつまでも人間たらしめようとする葬送もある。それがミイラ葬や塔葬である。

　チベットには、肉体が腐る土葬はないが、次の四つがある。塔葬＝政府高官や高僧のみ。歴代のダライラマは塔葬。火葬＝やや身分の高い人。鳥葬＝普通の人。水葬＝罪人や下層階級の人。樹木の少ないチベットで最も多いのが、トチュイと呼ばれる鳥葬である。

　チベットでは、人が死ぬと、家の中に三日間安置し、八～九人のラマが眠らずに祈り続ける。そして、三日目の早朝、トムデンと呼ばれる身分の低い鳥葬の係が四人やってきて、死体をかつぎ出し、鳥葬の場へ運ぶ。しかし、家族は同行せず、寺へ行く。彼らが祈るのは、死者や先祖の霊のためではなく、自分自身の善行を積むためである。チベット人の多くは鳥葬の現場を見ていない。

　ラサの鳥葬の場は、町から一キロほどの山裾の大きな岩の上にある。岩には骨を砕く穴がいくつもある。

　自然の一部でしかない人間が、土になろうが灰になろうが、鳥や魚に喰われようが、原理は同じことで、野蛮だとか、非文明的ということはない。自然環境の厳しいチベットの大地には、鳥たちの食物は少ない。チベット人たちは、この貧しい大地で共に生きる最高の知恵として、鳥たちに死体を捧げている。

大蔵経の経文を刷り込んだ布

天葬を観る

チベット仏教の天葬とは、死者のすべてを天に還《かえ》すため、鳥たちが屍のすべてを喰い、天高く連れ去ってくれる葬送の儀式なのである。

魂は屍を去る

私たちがチベットの首府、ラサに着いたのは一九八八年九月二一日で、標高三七〇〇メートルもの高地は、すでにポプラの葉が色づいていた。

仏教では、〝死者の霊は肉体を出て、輪廻の道へと旅立ち、再び、この世に生まれてくる〟と教えている。

ラサの八角街では、日常的によく使われる香草が売られていた。

特に、ラマ教とも呼ばれるチベット仏教はこの思想が強く、肉体は霊魂の仮の宿でしかなく、魂は死体を古着のように脱ぎ捨て、霊界へと死出の旅に出るので、肉体の死とは、魂の転生への旅の出発とされているのである。肉体から死者の魂を離すための引導者がラマ僧なのだという。

死後三日を要して魂の去った後の肉体は、何の価値もない肉の魂であり、単なる物体にしかすぎない。

このような死生観を持つチベットの人々は、遺体の葬法として焼いたり、切り刻んで鳥に喰わせたり、川に流して魚に喰わせたりする。が、肉体の腐る土葬はしない。しかし、仏教による、輪廻転生を信じるならば、遺体を火葬や土葬、天葬、水葬、風葬等にしても、葬法が異なるだけで、人々が故人を弔う気持に変わりはない。

天葬の場

天葬を観る機会がやっと訪れ九月二六日、月曜日の早朝七時にホテルを車で発った。まだ夜明け前で、暗くて見通しが悪かった。場所はラサ

ラサ郊外の岩山の裾にあるセラ寺

北方の郊外にあるセラ寺から岩山を一つ越した山裾にある。私たちはセラ寺の南を横切る道を通って七時二〇分頃着いた。

ラサに続く大きな谷が南に向かって開け、川原には草も樹も生えていない。斜面が西に向いている山裾なので陽が当たるのは遅い。そこの大きな岩の上が、屍を切り刻んで鳥に喰わせる〝天葬〟の場所である。

私は二年前に一度訪れたことがあるが、その時は天葬を観ることができなかった。五〇平方メートルもある平らな岩の表面には、血のついたくぼみがいくつもあり、大きな金槌や小刀、ナタ、シャベルなどが放置されていた。

天葬は、日本では一般的に、チベット語の〝チャトル〟から鳥葬と呼ばれているが、これは〝生きものに功徳を施す〟思想から〝鳥にあげる〟という意味である。ラサでは天葬のことを〝トチュイ〟とも呼んでいたし、その場所のことを〝トチュイド〟ともいう。〝ド〟とは石のことであり、天葬台は必ず石であり、

空港からラサへの途中にある巨大な摩崖仏

ラサ郊外の谷間で、早朝行われた天葬現場の遠影

骨を打ち砕くには都合が良いのだろう。

チベットでは、人が亡くなると家の中に三日間安置し、数人のラマ僧が不眠で祈り続ける。そして四日目の早朝、トムデンと呼ばれる身分の低い天葬の係が四人やってきて、遺体をかつぎ出し、天葬の場へ運ぶのである。

以前は、家族は同行せず、寺へ行って、自分自身の善行を積むために祈るといわれていたが、今日では、車が現場まで遺体を運び、家族も同行して天葬に立ち会うようになっている。

私たちは、天葬台の岩から一三〇メートルほど離れた、川原の堤の所に車を止め、秘かに観ることにした。

引導を渡す声

七時半に夜が明けた。白い香塔で香を焚く煙が、朝靄の中、上空に生きもののように立昇る。すでに、白い布で包まれた遺体は岩の上に安置されていた。

夜明け後間もなく、数人が遺体の布を取り去り、岩から下りた。岩の

"トチユイド"と呼ばれる天葬台は巨大な一枚岩

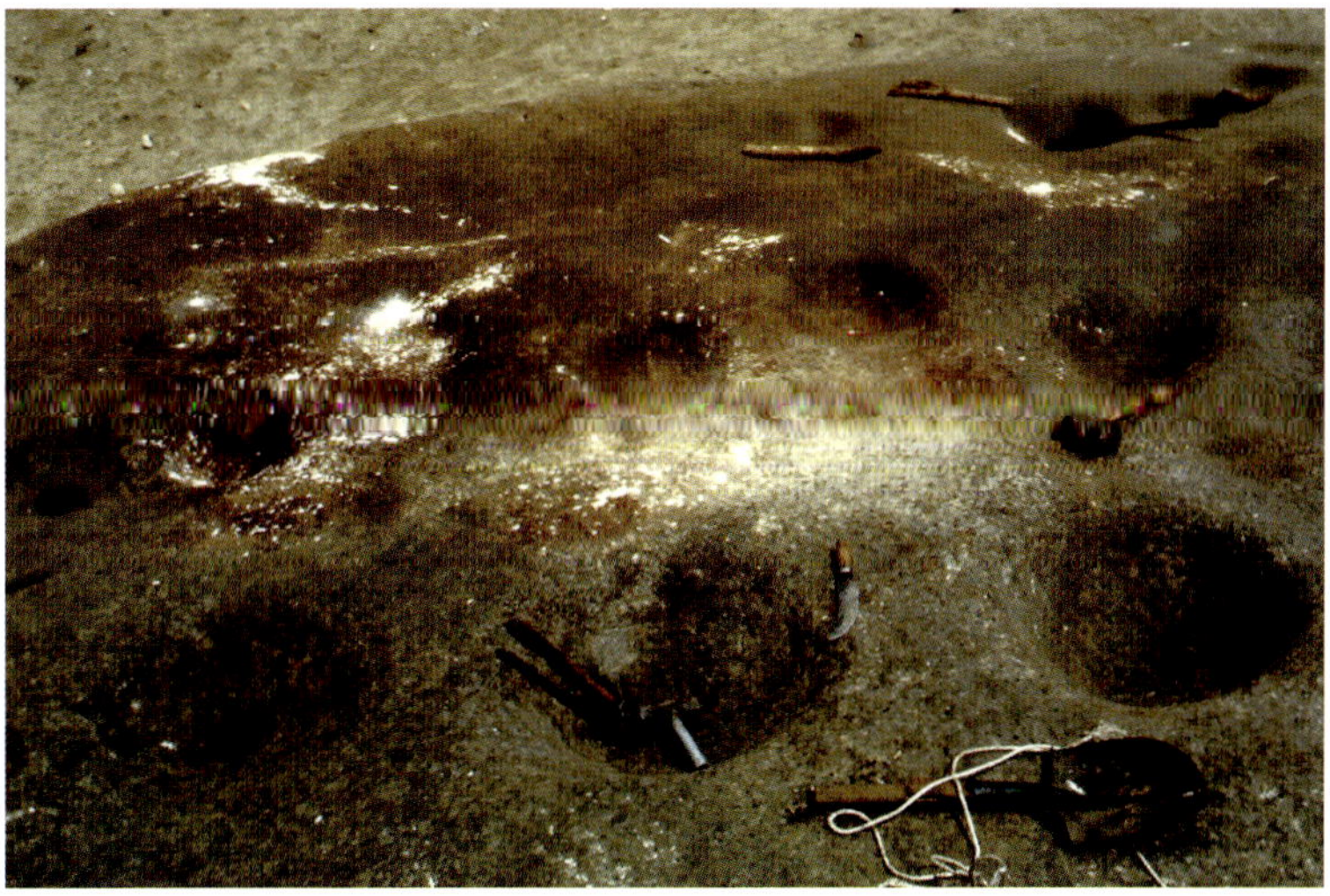

▲セラ寺近くの山肌の岩に描かれた仏像

▶天葬台には骨を砕くための穴があり、金槌や刃物が散乱していた。

側には家族が十数名座っている。

　七時三五分。大きな岩の突端に、黄色の法衣のラマ僧二人、赤色の法衣のラマ僧二人が座り、白い煙を勢いよく舞い上げる香を焚いてお祈りを始めた。

　デンデン太鼓がトン・トン・トンと鳴る。少女の大腿骨で作るといわれている人骨笛がプー・プー・プププーと激しく吹かれ、チンチンチン・チンチンチンと澄んだ鐘の音が、リズミカルに響く。周囲には煙が漂い、四人のラマ僧が、低いがよく響く声で、陰々と経を読み続ける。

　七時四三分。上空に、チベット語で〝コイ〟と呼ばれる二羽のハゲワシが、大きな羽根を広げ、ゆったりと舞い始めた。やがて三羽になった。

　七時五〇分。岩の側に座っていた家族たちが立ち上がって屍を観る。白い帽子と白い服の男が四人岩に上って屍の解体を始めた。彼らは、まずナタで四肢を切り落とし、そして肉を切り取った。

　八時。ラマ僧の吹く笛や太鼓鐘の音が一層大きく、万物の目覚めを促すように響く。岩の上で焚かれた香の煙は消え、上空にはハゲワシが八羽舞っている。

　八時八分。四人のラマ僧は読経をやめ岩から下りて香を焚く白い塔の所へ行った。岩の上では男たちが解体を続けている。時にはナタで骨を叩き切る音や金槌で打ち砕く音が、朝の肌寒い空気を切り裂くように響く。山の尾根近くの上空を舞っていた十数羽のハゲワシは、尾根の岩に止まり、下の方を眺めている。

　八時一一分。一人の男が、大きな石を持ち上げ、〝ウォー〟という大きな声を発して岩の上に叩きつけた。多分頭だったのだろう。骨の砕ける音がした。

　仏教に〝引導を渡す〟という言葉があるが、それは、菩薩が苦海にいる衆生を済《すく》い出して、常楽彼岸、即ち涅槃《ねはん》に渡らせるための儀式として、最後の決意を宣言してあきらめさせることだそうであるが、大声を発して頭骨を砕いたのは、死者に引導を渡す行為であったに違いない。

肉を喰う鳥

　岩の側に立っていた家族たちはその大きな声を聞くと、ゆっくりと移

勤行でラッパを吹く僧

身を前に投げ出し、地に伏して祈る女性

朝の勤行をする高僧たち

▲天葬が終わり、人がいなくなると犬がやってきた。

動し始め、ラマ僧のいる所へ行って香を焚いた。

八時二〇分。「テイワー、テイワー、テイワー、テイワー」という大きな声が山の方に向かって発せられた。すると、この不思議な声に呼び寄せられるように、全く突然に新しい十二、三羽のハゲワシが上空を舞い始めたが、間もなく下降して、岩から五〇メートルほどの大地に降り立った。尾根の鳥たちも近くに降りてきた。岩の近くまできた二十数羽が、頭を動かし、羽根を広げたり、歩いたりで落ち着きなく蠢いている。

▲ラサの民家の立派な仏壇"チューシム"

八時三一分。再び「テイワー、テイワー……」と大きな声が発せられると、鳥たちは、長さ二メートルもある長い翼を広げ、ぴょんぴょん跳るように大地を歩き、岩のすぐ下にやってきた。そして切り刻まれた肉片が投げ与えられると、奪い合って喰った。中には肉を嘴《くらばし》でくわえて引っ張り合う鳥もいる。「テイワー、テイワー、テイワー、テイワー」。肉を投げ与えられている鳥たちはどんどん近づいていた。やがて一羽、二羽と岩に上がって我がちに肉を喰う。

肉を投げ与えられる度に、二、三十羽の大きなハゲワシが、鳴き声も立てず、大きな身体をぶつけ合うようにして奪い合って喰う。まるで、鶏が飼い主に餌を与えられているようである。

解体を始めてから一時間もしないうちに、一つの屍はハゲワシたちの胃袋の中に収まった。そして、鳥たちは大空高く舞い上がって行った。

ウイグル族の葡萄

トゥルファン……、ウイグル語で
“緑の多いところ”という意味である。
周囲は燃えるような乾燥地帯で、
いかなる動物も棲息《せいそく》しえないのに、
人間は遠くから水を引いて、
樹木を植え、熱砂と熱風を防いで
緑の楽園を営み、
いろいろな民族の侵略を受けながらも、
シルクロード時代から
東西交流の中継地として、
この地で生きながらえてきた。

トゥルファン近くで地上に現れたカルジン

“カルジン”と呼ばれる地下水溝の上に開いている穴

葡萄畑をロバ車で行く婦人たち

街の自由市場で自作の農産物を売る人々

▲カルジンの近くで休憩していたウイグル族の農民

◀市街地をロバ車で移動していた親子

豊かな農作物

天山山脈の南麓を走る四二六本の地下水溝によって支えられているトゥルファンの全人口は一六万七千で、ウイグル族が一一万人。ほかには回族や漢民族などが住んでいる。町の男たちは、二・三月、一〇・一一月の年二回、地下水溝《カルジン》の中の土砂を取り去る作業に全力をつくし、今も年中変わりない水量が緑野を潤している。現在では天山山脈中に五つのダムが建設され、五月から九月までは地上の用水路からも水が補給されている。

八・九月を除いて一年中雨は降らないが、いつでも天山山脈の雪解け水が豊富なので、農作物の生育には好条件である。特産品は葡萄《ぶどう》、ハミ瓜《うり》、繊維の長い綿であるが、ほかに白菜、ニンジン、キャベツ、トマト、きゅうり、胡麻《ごま》、タマネギなどがあり、穀類は麦が主で、米は少ない。日本語の胡瓜《きゅうり》や胡麻は、胡族《えびす》の住んでいたこの地方から渡来した名称である。

“キシミシ”と呼ばれるタネなし葡萄の収穫。

タネなし葡萄

トゥルファンで有名なのは葡萄《ウズム》で、約二万ヘクタールの農地のうち、一五三三ヘクタールが葡萄畑。ビジャケとかサイワと呼ばれる大型の食用のものなど八種類あるが、中でも〝キシミシ〟と呼ばれるタネなし葡萄はシルクロード時代からよく知られ、その〝干し葡萄《レイズン》〟は、米飯にまぜて食べる中央アジアの諸民族だけでなく、全アジア大陸にくまなく商品化されていた。

タネなし葡萄《キシミシ》は、今から一七〇〇年ほど前にトゥルファンで発見された、世界でも大変珍しい品種で、挿し木繁殖である。他の地域では栽培できないそうで、特産中の特産であり、現在、日本にも輸入されている。この地の葡萄は寒さに弱いので、昔から一〇月になると、長い茎をまるめ、土を盛り上げて埋める。そして翌年の三月に、茎を掘り出して張る。

土製の大きな建物の中でキシミシの“干し葡萄”を作る。

中心地トゥルファン

トゥルファンから約五〇キロ北東の火焔山の北麓にはベゼクリク千仏洞があり、今も多くの壁画が残っている。残念なことに、イスラム教徒による加害と、二〇世紀初頭の第一次シルクロードブームによる日本と西欧先進諸国の探険競争によって持ち去られたために、完全な壁画はほとんどない。また、高昌城のそばにあるアスターナ古墳群には、四～五世紀頃の漢人貴族の風習を伝える壁画が、当時とあまり変わることなく残っている。

　長安の都から東に住む人々にとって、西域は仏教文化伝来の地であり、地中海文明やペルシャ文明東進の原点である、夢とロマンと神秘が色濃く脈打っている。東の人々は西域にあこがれ、西域を恐れて、たえず強い関心を抱き続けてきた。

　その中心地が、複雑な歴史を経てきた、不思議な自然環境下に緑の楽園を営み続けた〝トゥルファン〟であった。

カラフルな花模様を織り込んだ敷物

18 世紀中葉に建てられた高さ 44 メートルの額敏塔

タンバリンのリズムにのってくるくる回るウイグルダンス

▲ウイグル族のイスラム教徒の墓

◀家庭の台所には、たいてい水桶がある。

天山山脈北麓の夏営地、南山に張られた移動式住居の"キクズイ"

天山北麓のカザク族

標高一四〇〇メートルの天山山中のカザク族の夏営地には、一一〇張りの「キクズイ」と呼ばれる移動式住居があり、人口五〇〇人で、羊、ヤギ、牛、馬などの家畜が八千頭もいた。

朝絞った羊の乳からバターやチーズを作る

カザク族の夏営地

ウルムチ県東風人民公社の西白陽溝村の南山地区は、天山北麓《ほくろく》のジュンガル盆地にあるウルムチから七〇キロ離れた山の中腹にあった。長期滞在は許されなかったが、キクズイに泊まり、村人たちと生活を共にし、自由に歩き回ることができたの

は、革命以後私たちが最初の外国人だと聞かされた。

私は、広範囲に見て回るために、馬を借りていろいろな地区を訪れた。案内役と二人で、草の茂ったゆるやかな斜面をいくつも越した。高い所から見おろす天山のふもとは、緑のじゅうたんを敷きつめたような、美しい牧草に覆われていた。

馬に乗った牧童に追われる羊の群れが、斜面を幾列にもなってゆっくり横切っていた。二、三十頭の馬の群れは、地響きをたててあっという間に走り去る。人気のない大自然のようだが、至る所で家畜や牧童に行き交い、たえず家畜の鳴き声や、牧童の掛け声が、こだまのようについてきた。

丘の上や中腹、谷間などに、キクズイが二張りから五、六張りずつ小集団に分かれて散在している。標高一六〇〇メートル以上の所に張った家族は、九月初め、すでに冬営地の山麓に降り始めていた。彼らは、アンパン型の移動式住居を取りはずし、ラクダや去勢したヤクの背に載せて山を降りる。中には、馬車に家財道具一式を満載し、道のないゆるやかな斜面を移動している家族もあった。

アルタイ系牧畜民の移動形態の特徴でもあるが、カザク族は低地のジュンガル盆地を冬営地とし、天山山中の高地を夏営地としているので、その往復に中間地で数週間ずつとどまることから、正確にいえば年四回の移動になる。

「カザク」と「コザック」

私は、久しぶりの乗馬で尻が痛くなって村にもどった。私たちが泊まるキクズイは、下の生産大隊から特別に運び上げたもので、まだ新しかった。近くには八張りあったが、男は家畜を追っているので、昼間はいない。

キクズイの腰に巻く帯を織る。

山肌に、人馬や羊の群れが通る自然の道が続いている。

標高 1400 メートルの放牧地でも鶏を飼っていた。

キクズイを解体し、移動前に家族で食事をする。

「カザクとコザックの違いを教えてくれませんか」

私の世話をしてくれたハレリ（三三歳）さんに、同行の通訳陸さんを通じて尋ねた。

「カザクは民族名で、コザックは〝泥棒集団〟のことです。だから、カザク族やウイグル族にもコザックはいます」

彼は笑いながら答えた。日本では、カザクを〝カザフ〟とか〝ハザク〟と表記するが、現地人の発音は、はっきり〝カザク〟または〝カザッ

ラクダの背に家財やキクズイを載せ、馬で移動する家族

キクズイの前で日光浴しながら刺繍する女性

ク〟と聞き取れる。

カザク族の骨格は日本人に類似しているが、混血が多く、肌が白く鼻の高い人、赤ら顔で鼻の大きな人、肌が黄褐色で鼻があぐらをかいている人、黒毛、栗毛、紅毛、毛深い人、毛の薄い人、黒眼、碧眼、目が二重まぶたも一重まぶたもいるし、背の高いのも低い人もいる。子どものお尻の蒙古《もうこ》斑がはっきりしているもの、しないもの……。民族的には東西南北アジアが複雑に入り混じっている。

天山山脈はアジア大陸を東西に二分する大山脈であり、大変豊かな山岳地帯なので、もともとはいろいろな民族がこの山の中に同居し、自由に往来していた。そのせいで、カザク族は、中国側にも、カザフ共和国側にも住んでいる。

カザク族の食事

カザク族の主食は、麦やコウリャンの粉で作るナンと呼ばれるパンと、牛や羊の乳製品と肉である。肉はカワプという焼肉や塩煮にするほかに、米と煮込んで食べる。きれいな水が豊富なのだが、飲み水は磚茶《たんちゃ》にミルクまたはバターを混入したスーチャイ。お茶を飲むとき、よく口にするのが乾燥発酵乳のコルト。野菜はほとんど食べないが、生タマネギやニンジンを時々口にする。

二軒隣のハレリさんの奥さんラビアハン（二四歳）が、夕方コウリャンのパンを焼いたので、暖かいのをもらって食べたが、大変香りがよく、うまかった。彼女は夕食に、ボーサックと呼ばれる菱形の油揚げを作ってくれた。私たちは、塩煮の骨つき肉を手でつまんで食べながら、それを口にした。

カザク族の結婚式

夕食後は、移動中の青年が二人来て、ドンブラーと呼ばれる二弦楽器を弾きながら歌ってくれた。リズムは朝鮮民謡やキルギス族の歌に似ていた。

青年たちに、結婚式のことについて尋ねたら、横に座っていたハレリ

麦やコウリヤンの粉を練って作ったパンを熱したかまどに入れて焼く。

羊一頭が30分足らずで解体された。

キクズイの内部は広く、子だくさんの一家でもくつろげる。

▲ナン（パン）を作るために麦粉を練る女性

▶ドンブラーを弾きながら歌う青年

さんが答えてくれた。

「トイと呼ばれる結婚式は、親類縁者を集め、羊を殺して料理し、馬乳酒を飲み、ドンブラーをかき鳴らして歌い踊る。競馬をしたり、馬に乗って羊の取り合いもするし、若い男たちは相撲《バルワン》をとるよ」

気の合った二人が、両親の許しを得て結婚するのだそうだ。

カザフ族は、夏営地に六月上旬から九月下旬まで滞在する。子どもたちも一緒なので、小学校は彼らの移動についてまわるが、中学校は低地の人民公社にしかないという。

牧童たちは、生産大隊から一日二元の口給を、一年に一度まとめてもらうのだそうで、現金はあまり手にしてなかった。私たちは持参のウイスキーとワインで、夜遅くまで、ランプの明かりを頼りに酒をくみ交わし、語り合った。

アミ族の豊年祭

台湾の人口、約二千万人の大半の先祖は、一七世紀後半から二世紀にわたって、中国大陸の福建省や広東省から移住してきた人々である。その他には、先住民とされている高砂族が約二三万人住んでいる。

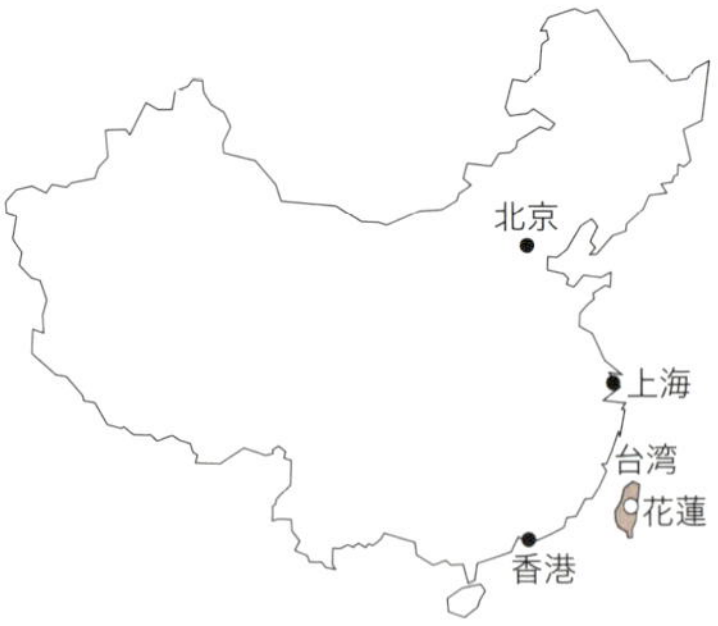

日本との共通点

台湾は、一八九五年から一九四五年までの五〇年間は日本の支配下にあり、多くの日本人が住んでいた。

そのせいか、台湾は中国と日本、両国の文化の接点のような所で、どこを訪れてもあまり違和感がない。

台湾の食物や調味料は日本に類似しているものが多い。

たとえば発酵食品では味噌、醤油、諸味《もろみ》、漬物、納豆、塩辛、そして酒など何でもある。

特に、新鮮な海の幸が多く、魚介類の料理がうまい。しかしほとんど煮たり、揚げたり、鉄板で焼いたりするので、生《なま》で食べることは少ない。

豊年祭の会場に向かう国福里村の人々

小雨にも負けずに踊った娘

祭りの行事に出る前に、青竹の器で酒を飲む老人

民族衣装を身につけた女性たちが、並んで踊る姿は壮観。

豊年祭り

台湾は一九五三年以来、中華民国となっているのだが、大陸系の人々とは異なった文化を持つ先住の民である高砂族は、山地同胞と呼ばれている。彼らがいつの頃から住んでいたのかは、実ははっきりしていない。

高砂族は九部族いるが、中でも人口の多いアミ族は九万人で、東海岸一帯に住んでいる。アミ族はもともと母系社会であったとされている。

豊年祭りがあるというので、花蓮《ホワリエン》近くの、人口五〇〇人ほどの村、国福里を訪ねた。

老人たちは、かつて日本人であり、日本名を持っていたし、日本語が話せた。

彼らによると、昔は豊年祭りの前三日間、村の男たちは山狩りをして

ミニチュアの弓矢を持って村人の先頭を歩く長老の一人

猪や鹿を獲り、その肉を料理して豊年を祝ったという。今は、牛や豚を料理し、餅をついて食べる。

村の女や男たちは華やかな部族衣装を着て、歌いながら踊った。特に女性が活発で、家庭の切り盛りや客をもてなすのも女性であった。

祭りの夜は、肉と野菜を煮込んだ料理とおこわを食べながら、遅くまで酒を飲み談笑した。

祭りのために餅をつく国福里村の女性

木をくり抜いた蒸し器で糯米を蒸す。

盛装で踊るアミ族の女性たち

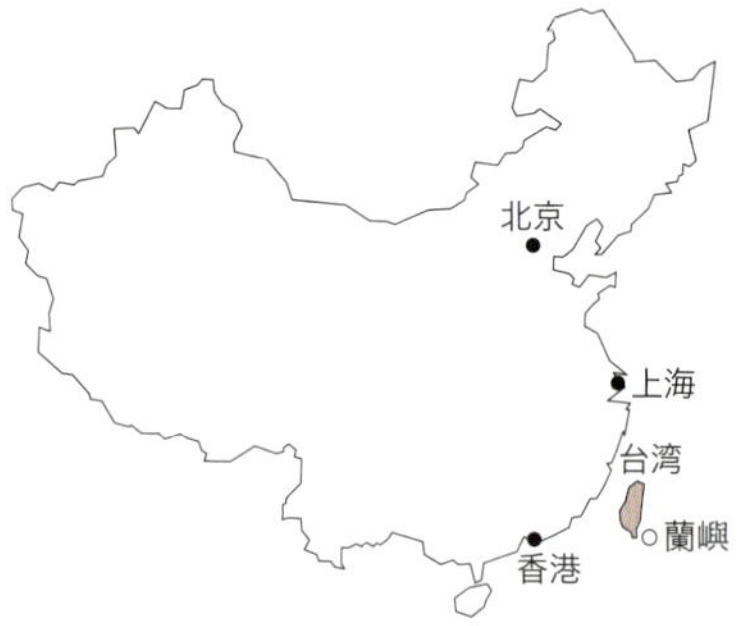

黒潮の民『ヤミ族』

台湾本島南端から東へ六一キロの海上に、周囲約四〇キロの緑の多い島、蘭嶼（旧名紅頭嶼）がある。フィリピンのルソン島から北に延びた海中火山脈に続くこの島は、海岸に溶岩が張り出し、砂浜が少ない。

高台から野銀（イワギヌ）村を眺める。

魚を開いて日に乾し、魚の乾物にする（東清村）。

ヤミ族の村

八丈島とほぼ同じ大きさの島に、約三千人のヤミ族が、六つの村に別れて住んでいる。彼らは男が漁業に専念し、女が農業に専念する半漁・半農で生活している。何故〝ヤミ〟と呼ばれるのか誰も知らないが、先祖たちは南の方からやってきたという伝説がある。

私は、日本人の民族的・文化的源流を求めて、台湾東部の高砂族の探査旅行に出発し、一週間、蘭嶼のヤミ族と生活を共にした。

一八九五～一九四五年まで五〇年間も日本の領土であったため、当時四五歳以上の人々はまだ日本語を理解するので通訳を必要としなかった。そのせいか、村人たちとは初めからまるで旧知の間柄のように、毎夜酒を酌み交わし、遅くまで雑談した。

私が主に滞在したイワギヌ（野銀）村には、新旧二つの地区があり、若い家族は、台湾政府が建築して与えたハーモニカ型のコンクリートの家に、中年以上の人々は、昔ながらの〝バガイ〟と呼ばれる、周囲を石

豊年を祝う頭髪舞。女性の長い髪は美しさの条件（紅頭村）。

垣で囲った家のある村に住んでいた。私は、バガイのある方に泊まり、夜は〝タガカル〟という小屋に男たちと一緒に寝た。

ヤミ族の食文化

男は〝コクギッ〟と呼ばれるふんどし一つで、朝の八時半頃から夕方の四時半頃まで、一八人くらいが一組になって漁に出る。タタラと呼ばれる小船や魚網を使って、魚を岩間に追い込み、銛や簎《やす》で突いた。このような潜水漁法は、黒潮の流れに沿った琉球列島や五島列島のあたりまで共通していた。共同で捕った魚は組の各家に平等に分配され、切り開いて日乾しにして保存される。

女は〝ククジッツ〟と呼ばれる布を腰に巻いて、シャワイと呼ばれる袖のないシャツを着ている。昼間はたいてい農作業のため野外に出ているので、村には成人男女はほとんどいない。

蘭嶼は北緯二二度の熱帯地方にあるので、老若男女とも陽焼けしているが、骨格は、四国、九州の南部から琉球列島の日本人によく似ているし、身長もほぼ同じである。幼児のお尻には蒙古斑があり、女性は長い黒髪を大事にし、〝ワラチギィ〟という頭髪踊りがある。

彼らの主食は魚と里芋。毎食煮た魚と芋を手づかみで食べ、魚の煮汁を大きな皿に入れて吸う。棚田はあるが、水芋栽培用で米がない。魚介類や野草・芋類だけの食生活は、日本列島にまだ稲がなかった頃の生活様式を再現しているように思える。

人間は、大きな環境変化や外圧がない限り食生活文化を簡単には変えない。日本列島の人々が、芋食文化から米食文化になったのは、何か大きな変化があったのに違いない。

▶漁は、魚をアミで岩間に追い込みヤスやモリで突くやり方で、共同作業（野銀村）。

共同でとった魚、特に大きな魚は、骨まで各家に均等に分けられる（野銀村）。

乾したトビウオを煮た肴で酒を飲む村人たち（野銀村）

船は板を貼り合わせて造る。小さい船をタタラという（紅頭村）。

【著者紹介】

森田　勇造（もりた　ゆうぞう）

昭和15年高知県生まれ

昭和39年以来、世界の諸民族の生活文化を調査し続ける。同時に野外文化教育の研究と啓発、実践に努め、青少年の健全育成活動も続ける。元国立信州高遠少年自然の家所長。現在、社団法人青少年交友協会理事長、野外文化研究所所長、野外文化教育学会顧問、国立大学法人東京学芸大学客員教授、博士（学術）、旅行作家。

〈主要著書〉

『日本人の源流を求めて』（講談社）昭和48年、『わが友、騎馬民』（学研）昭和53年、『日本人の源流』（冬樹社）昭和55年、『シルクロードに生きる』（学研）昭和57年、『「倭人」の源流を求めて』（講談社）昭和57年、『秘境ナガ高地探検記』（東京新聞社）昭和59年、『チンギス・ハンの末裔たち』（講談社）昭和61年、『アジア大踏査行』（日本文芸社）昭和62年、『天葬への旅』（原書房）平成3年、『ユーラシア二一世紀の旅』（角川書店）平成6年、『アジア稲作文化紀行』（雄山閣）平成13年、『地球を歩きながら考えた』（原書房）平成16年、『野外文化教育としての体験活動―野外文化人のすすめ―』（三和書籍）平成22年。

写真で見るアジアの少数民族
1　【東アジア編】

2011年8月10日　初版発行

著　者　森 田 勇 造

発行者　高 橋　考

発　行　三 和 書 籍

〒112-0013　東京都文京区音羽2-2-2
電話 03-5395-4630
FAX 03-5395-4632
郵便振替 00180-3-38459
http://www.sanwa-co.com/
印刷/製本　モリモト印刷株式会社

ISBN978-4-86251-111-9 C1039 Printed in Japan

三和書籍の好評図書

Sanwa co.,Ltd.

チベット・中国・ダライラマ

――チベット国際関係史【分析・資料・文献】――

浦野起央著　A5判　1040頁　上製本　定価：25,000円＋税

●これまで１～３ヶ月以上かかった北京とラサが直通列車50時間で結ばれるようになった。いまや民主化と経済開発が進み一変したチベットの現状は？　ダライ・ラマ亡命政府と中国政府との交渉、改革開放下にあるチベットの姿を的確に伝える。事項・人名・寺院・地名索引付。

世界を魅了するチベット

――「少年キム」からリチャード・ギアまで

石濱 裕美子　著　四六判並製　259頁 2,000円＋税

●ラドヤード・キプリングのノーベル文学賞受賞作『少年キム』は、少年キムの魂の成長の物語である。現在も世界中で新たな「キム」たち、現代の釈尊伝、ジーナ・ラチェフスキー。ニューヨークのチベット僧、ロバート・サーマン。科学と仏教の架け橋となったフランス人、マチウ・リカール。虚飾の街の求道者、リチャード・ギア…現代の「キム」たちが、人を愛する心を育み、道徳性を身につける道に踏み出す手助けをしてくれるかもしれない。

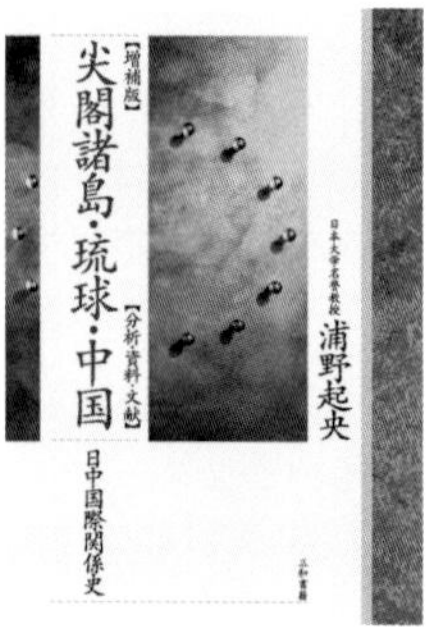

増補版　尖閣諸島・琉球・中国

【分析・資料・文献】

浦野起央　著　A5判　上製本　定価：10,000円+税

●日本、中国、台湾が互いに領有権を争う尖閣諸島問題……。筆者は、尖閣諸島をめぐる国際関係史に着目し、各当事者の主張をめぐって比較検討してきた。本書は客観的立場で記述されており、特定のイデオロギー的な立場を代弁していない。当事者それぞれの立場を明確に理解できるように十分配慮した記述がとられている。

世界テロ事典

浦野起央　編著　B6判　293頁 並製本 定価:3,000円+税

●2001年9月11日米国で発生し世界を震撼させた同時多発テロ。各国は対テロ特殊部隊を編成し訓練しているが、テロとはどういうもので、実際に何が起きたのかを知らなければならない。本書は世界のあらゆるテロを網羅している。アブサヤフ、アルカイダ、ジハード、タリバン、パレスチナ解放機構、武装イスラム集団などの組織情報も掲載！

今後の刊行予定

Sanwa co.,Ltd.

写真で見る
アジアの少数民族〈全5巻〉刊行！

前人未到の世界142カ国を踏査！

われわれの生活や文化のルーツをそこに見い出せるとともに、自然とともに生活する彼らの、文化の豊穣な成り立ちを見ることができる。未開と先進という言葉では言い尽くせない、文明社会のあり方とは何かを考えさせられる。民族資料としても貴重なものである。

各巻3,500円＋税

森田 勇造 ［文・写真］

いま注目を集めるアジアに、一歩踏み込めば各地に遍在する少数民族の暮らしを垣間見ることができる。信仰、儀式、衣装、祭礼、踊り、食事など、さまざまな民族の生活文化を、著者自らが単独取材し撮影した貴重な写真と文章で浮き彫りにする！

第5巻 写真集
1. 東アジア
2. 東南アジア
3. 南アジア
4. 中央アジア

＊１巻から４巻までに掲載しきれなかった貴重な写真をまとめています。

第2巻 東南アジア編

Contents

1 インドネシア
- ❖ スラウェシ島のトラジャ族
- ❖ 木偶が立ち並ぶ涯墓
- ❖ トバ湖のバタク族

2 ブルネイ
- ❖ ブルネイの海上の町

3 ベトナム
- ❖ ムオン族の守護神
- ❖ タイ族の霊屋
- ❖ ザオ族の祖霊信仰

4 カンボジア（クメール族）
- ❖ 女たちの祭り
- ❖ 結婚は見合い遊びから

5 マレーシア
- ❖ マレーシアの大型こま

6 タイ
- ❖ アカ族の鳥居のある村
- ❖ 千木やかつお木のある家
- ❖ ヤオ族の風習
- ❖ ヤオ族の精霊信仰
- ❖ 入れ墨をするカレン族
- ❖ アジア南端のメオ族

7 ミャンマー（ビルマ）
- ❖ インレ湖上の村（シャン族）
- ❖ 古都パガン
- ❖ 頭に布を巻くパオ族
- ❖ シャン族の保存食と発酵食品

第3巻 南アジア編

Contents

1 ナガランドの諸部族
- ❖ 長老社会のふるまいと権威
- ❖ 長寿者の多いメランコン村
- ❖ エロチックな若者宿
- ❖ チャカサン族の祭りとすもう
- ❖ キャムンガン族の夜中の踊り
- ❖ コニャック族の言葉と風習
- ❖ 首狩りとスポーツ
- ❖ 首狩り社会の女たち

2 カシ族の母系社会
- ❖ 強い女と弱い男の社会
- ❖ 男たちの奉仕と放浪

3 ちょんまげを結うニシ族

4 ブータン
- ❖ 竜の国の踊りと歌
- ❖ 国技の矢を射る男たち
- ❖ ラマ教の歓喜天
- ❖ パロ谷の焼き米【シープ】

5 シッキム
- ❖ ルムテク寺の青年僧
- ❖ 山の上の火葬場
- ❖ 魔除けと温泉

6 ネパール
- ❖ シェルパ族の結婚と“どんちゃん”
- ❖ チベット系の祭りと野外劇

7 ヒンズークシ山中のカラシュ族

8 ラダクのレーで夢を売る街頭商人

第4巻 中央アジア編

Contents

1 イラン
- ❖ アルタイ系牧畜民トルクメン
- ❖ 乾燥した平原に生きる知恵
- ❖ 女たちの仕事とファッション
- ❖ 妻としての理想的条件
- ❖ 子どもの遊びと仕事
- ❖ 結婚式とすもうと夜ばい
- ❖ カスピ海東岸のカザク族

2 アフガニスタン
- ❖ 遊牧民クチ族の女の戦略
- ❖ 騎馬民末裔の農耕民、ハザラ族
- ❖ シルクロードの宿場町

3 キルギス
- ❖ 古代の石人、バウバウ

4 カザク
- ❖ 古代人が描いた動物と岩面画

5 ウズベク
- ❖ オアシス都市のバザール（市場）
- ❖ 古都ヒワの魔法のランプ

6 ユーラシア横断鉄道の旅
- ❖ 朝鮮半島から天山を越えて
- ❖ 天山を越えて
- ❖ アルマ・アタの市場にあふれる食料品
- ❖ あり余る緑の大地
- ❖ カザク米とアラル海
- ❖ ウラルからロシアへ
- ❖ リスボンに夕日を見る